卞尺丹几乙し丹卞と

Translated Language Learning

リリパットへの航海

lillipat he no koukai
The Voyage to Lilliput

Jonathan Swift

日本語 / nihongo / Japanese

Copyright © 2022 Tranzlaty
All rights reserved.
Published by Tranzlaty

Original text by Jonathan Swift
Gulliver's Travels: The Voyage to Lilliput (1726)
Abridged by Andrew Lang: The Blue Fairy Book (1889)

www.tranzlaty.com

リリパットへの航海
lillipat he no koukai
The Voyage to Lilliput

***

第1章
dai1 akihiro
Chapter One

私の父はノッティンガムに小さな地所を持っていました
watashi no chichi wa nottingham ni chiisana jisho wa motsu te iya mashi ta
My father had a small estate in Nottingham

私は4人兄弟の3番目でした
watashi wa 4 hito kyoudai no dai3 deshi ta
I was the third of four sons

彼は14歳で私をケンブリッジに送りました
kare wa 14 toshi de watashi wa kenbridge ni okuri mashi ta
He sent me to Cambridge at fourteen years old

私はそこで3年間勉強しました
watashi wa soko de 3 nenkan benkyo shi mashi ta
I studied there for three years

その後、私はベイツ氏との見習いを見つけました
sonogo 、 watashi wa bates shi to no minarai wa mitsuke mashi ta
after that I found an apprenticeship with Mr. Bates

彼はロンドンで有名な外科医でした
kare wa london de yuumei nani gekai deshi ta
he was a famous surgeon in London

時々、父は私に少額のお金を送ってくれました
jiodoriji、 chichi wa watashi ni shougaku no okane wa okutsu te kure mashi ta
now and then my father sent me small sums of money

私はナビゲーションを学ぶためにお金を費やしました
watashi wa navigation wa manabu tame ni okane wa tsuiyashi mashi ta
I spent the money in learning navigation

そして私は旅行する人々に役立つ他の芸術を学びました
soshite watashi wa ryokou suru hitoodoriji ni yakudatsu hoka no geijutsu wa manabi mashi ta
and I studied other arts useful to those who travel

私はいつもそれが有用なスキルになると信じていました
watashi wa itsumo sore ga yuuyou nani skill ni naru to shinji te iya mashi ta
I always believed it would be a useful skill

私の見習い期間は3年間続きました
watashi no minarai kikan wa 3 nenkan tsuzuki mashi ta
my apprenticeship lasted for three years

私の良き師匠であるベイツ氏は、私を船の外科医として推薦してくれました

watashi no yoki shishou de aru bates shi wa 、 watashi wa sen no geka i toshite suisen shi te kure mashi ta
my good master, Mr. Bates, recommended me as ship's surgeon

彼は私にツバメと呼ばれる船で仕事を与えてくれました
kare wa watashi ni tsubame to yoba reru sen de shigoto wa atae te kure mashi ta
he got me a job on a ship called The Swallow

この船で私は3年間航海しました
kono sen de watashi wa 3 nenkan koukai shi mashi ta
on this ship I voyaged three years

私が戻ったとき、私はロンドンに定住しました
watashi ga modotsu ta toki 、 watashi wa london ni teijuu shi mashi ta
When I came back I settled in London

私は小さな家の住宅ローンを引き受けました
watashi wa chiisana ie no juutaku rone wa hikiuke mashi ta
I took on a mortgage for a small house

そして私はミスメアリーバートンと結婚しました
soshite watashi wa mis mary barton to kekkon shi mashi ta
and I married Miss Mary Burton

店主の娘、エドモンド・バートン氏
tenshu no musume 、 edmondomaton shi
the daughter of shop keeper, Mr. Edmund Burton

しかし、私の良いマスターベイツは2年後に亡くなりました

shikashi 、 watashi no yoi masterbates wa 2 toshi go ni nakunari mashi ta
But my good master Bates died two years later

友達は数人しかいませんでした
tomodachi wa suu hito shika iya mase nichi deshi ta
I only had a few friends

だから私のビジネスは失敗し始めました
dakar watashi no business wa shippai shi hajime mashi ta
so my business began to fail

それで私は再び海に行くことにしました
sorede watashi wa futatabi umi ni iku koto ni shi mashi ta
so I decided to go to sea again

何度か航海した後、私はキャプテンW.プリチャードからの申し出を受け入れました
nani do ka koukai shi ta go 、 watashi wa captain w . prichard kara no moushide wa ukeire mashi ta
After several voyages, I accepted an offer from Captain W. Pritchard

彼は「アンテロープ」の船長でした
kare wa"anterope"no senchou deshi ta
he was ship master of"The Antelope"

彼は南海への航海をしていました
kare wa nankai he no koukai wa shi te iya mashi ta
he was making a voyage to the South Sea

1699年5月4日にブリストルから出航しました
1699toshi5gatsu4nichi ni bristol kara shukkou shi mashi ta
We set sail from Bristol, on the 4th of May 1699

最初、私たちの航海は非常に繁栄していました
saisho 、 watashi tachi no koukai wa hijou ni hanei shi te

iya mashi ta
at first our voyage was very prosperous
私たちは東インド諸島への通路にいました
watashi tachi wa higashi ind shotou he no tsuuro ni iya mashi ta
we were on our passage to the East Indies
そして私たちはヴァンディーメンズランドの北西に着きました
soshite watashi tachi wa van dee mens land no hokusei ni tsuki mashi ta
and we had gotten to the north-west of Van Diemen's Land
しかし、そこで私たちは激しい嵐に遭遇しました
shikashi 、 sokode watashi tachi wa hageshi arashi ni souguu shi mashi ta
there, however, we were met by a violent storm
私たちの乗組員のうち8人はすでに重労働で亡くなっていました
watashi tachi no norikumiin no uchi 8 hito wa sudeni juuroudou de nakunatsu te iya mashi ta
eight of our crew had already died from hard labour
そして私たちの乗組員の4人は悪い食べ物で亡くなりました
soshite watashi tachi no norikumiin no 4 hito wa warui tabemono de nakunari mashi ta
and four of our crew died from bad food
私たちの残りの部分は非常に弱い状態にありました
watashi tachi no nokori no bubun wa hijou ni yowai joutai ni ari mashi ta

the rest of us were in a very weak condition

11月5日、天気はとても曇っていました

11gatsu5nichi、 tenki wa totemo kumotsu te iya mashi ta

On the fifth of November the weather was very hazy

船員は船から120ヤード以内の岩をスパイしました

senin wa sen kara 120 yard inai no iwa wa spi shi mashi ta

the seamen spied a rock within a hundred and twenty yards of the ship

しかし、風が強すぎました

shikashi、 kaze ga tsuyoshi sugi mashi ta

but the wind was too strong

そして私たちは岩の上にまっすぐ押し出されました

soshite watashi tachi wa iwa no ue ni massugu oshidasa re mashi ta

and we were pushed straight upon the rock

私たちのボートは岩にぶつかって壊れました

watashi tachi no boat wa iwa ni butsukatsu te koware mashi ta

our boat was broken against the rock

私たち6人はなんとか救助艇を打ち上げました

watashi tachi 6 hito wa nantoka kyuujo tei wa uchiage mashi ta

Six of us managed to launch a rescue boat

私たちはなんとか岩から逃げることができました

watashi tachi wa nantoka iwa kara nigeru koto ga deki mashi ta

we managed to get away from the rocks

そして私たちは約3リーグを漕ぎました

soshite watashi tachi wa yaku 3 league wa kogi mashi ta

and we rowed about three leagues
そして、私たちはもう働けなくなるまで漕ぎました
soshite、watashi tachi wa mo hatarake naku naru made kogi mashi ta
and then we rowed till we could work no longer
私たちは波の慈悲に自分自身を信頼していました
watashi tachi wa nami no jihi ni jibun jishin wa shinrai shi te iya mashi ta
We had trusted ourselves to the mercy of the waves
30分後、ボートは突然の波に動揺しました
30 pun go、boat wa totsuzen no nami ni douyou shi mashi ta
half an hour later the boat was upset by a sudden wave
ボートの仲間はどうなったのかわかりません
boat no nakama wa dou natsu ta no ka wakari mase nichi
What became of my companions in the boat I do not know
岩の上の仲間に何が起こったのかもわかりません
iwanoue no nakama ni nani ga okotsu ta no kamo wakari mase nichi
nor do I know what happened to my companions on the rock
しかし、私はそれらがすべて失われたと結論付けます
shikashi、watashi wa sorera ga subete ushinawa re ta to ketsuron tsuke masu
but I conclude they were all lost
私としては、幸運が私を導くように泳ぎました
watashi toshite wa、kouun ga watashi wa michibiku you

ni oyogi mashi ta
For my part, I swam as fortune directed me
風と潮に押されて前進しました
kaze to shio ni osa re te zenshin shi mashi ta
I was pushed forward by wind and tide
やがて私はもはや苦労することができなくなりました
yagate watashi wa mohaya kurou suru koto ga deki naku nari mashi ta
eventually I was able to struggle no longer
私は自分が土地の手の届くところにいることに気づきました
watashi wa jibun ga tochi no te no todoku tokoro ni iru koto ni kizuki mashi ta
I found myself within reach of land
この時までに嵐は落ち着いていました
kono ji made ni arashi wa ochitsui te iya mashi ta
By this time the storm had calmed down
夕方8時頃、私は岸に着きました
yuugata 8ji koro 、 watashi wa kishi ni tsuki mashi ta
at about eight in the evening I reached the shore
私は半マイル近く内陸に進んだ
watashi wa han mairu chikaku nairiku ni susun da
I advanced nearly half a mile inland
しかし、住民の兆候は見られませんでした
shikashi 、 juumin no choukou wa mi ra re mase nichi deshi ta
but I could not see any signs of inhabitants
私は難破船で非常に疲れていました

watashi wa nanpasen de hijou ni tsukare te iya mashi ta
I was extremely tired from the shipwreck
そして天気の暑さが私を眠りに落ち着かせました
soshite tenki no sho sa ga watashi wa nemuri ni ochitsuka se mashi ta
and the heat of the weather lulled me to sleep
草はとても短くて柔らかかった
kusa wa totemo mijikaku te yawarakakatsu ta
the grass was very short and soft
そして私はそれに横になって眠りました
soshite watashi wa sore ni yoko ni natsu te nemuri mashi ta
and I laid down on it to sleep
私は人生でこれまで以上にぐっすり眠った
watashi wa jinsei de kore made ijou ni gussuri nemutsu ta
I slept sounder than ever I did in my life

目が覚めたとき、日光はちょうど壊れていました
me ga same ta toki 、 nikkou wa chodo koware te iya mashi ta
When I woke daylight had just broken
私は立ち上がろうとしましたが、できませんでした
watashi wa tachiagarou u to shi mashi ta ga 、 deki mase nichi deshi ta
I attempted to rise, but could not
私はたまたま仰向けに寝ていました
watashi wa tamatama aomuke ni ne te iya mashi ta
I had happened to fall asleep on my back
そして今、私の腕と脚は地面に固定されました

soshite ima 、 watashi no ude to ashi wa jimen ni kotei sa re mashi ta

and now my arms and legs were fastened to the ground

そして、長くて太い私の髪も結ばれていました

soshite 、 nagaku te futoi watashi no kami mo musuba re te iya mashi ta

and my hair, which was long and thick, was tied down too

上を向くことしかできませんでした

ue wa muku koto shika deki mase nichi deshi ta

I could only look upward

太陽が熱くなり始めた

taiyo ga atsuku nari hajime ta

The sun began to grow hot

そして光は私の目を痛めた

soshite hikari wa watashi no me wa itame ta

and the light hurt my eyes

周りで混乱した音が聞こえました

mawari de konran shi ta on ga kikoe mashi ta

I heard a confused noise around me

しかし、空以外は何も見えませんでした

shikashi 、 kuu igai wa nani mo mie mase nichi deshi ta

but could see nothing except the sky

少しの間、私は何かが生きているのを感じました

sukoshi no ma 、 watashi wa nani ka ga iki te iru no wa kanji mashi ta

In a little time I felt something alive

それは私の左足で動いていました

sore wa watashi no hidariashi de ugoi te iya mashi ta

it was moving on my left leg

それは私の胸の上をそっと進みました
sore wa watashi no mune no ue wa sotto susumi mashi ta
it gently advanced over my chest

そして、それはほとんど私のあごまで来ました
soshite 、 sore wa hotondo watashi no ago made rai mashi ta
and then it came almost up to my chin

私はできる限り下を見下ろしました
watashi wa dekiru kagiri ge wa mioroshi mashi ta
I looked down as well as I could

そして私は小さな人間の生き物のように見えるものを認識しました
soshite watashi wa chiisana ningen no ikimono no you ni mieru mono wa ninshiki shi mashi ta
and I perceived what looked like a little human creature

高さは6インチを超えることはできませんでした
takaiwa sa wa 6 inchi wa koeru koto wa deki mase nichi deshi ta
it could not have been more than six inches high

それは彼の手に弓矢を持っていました
sore wa kare no te ni yumiya wa motsu te iya mashi ta
it had a bow and arrow in his hands

その間、私は少なくともさらに40人を感じました
sono ma 、 watashi wa sukunakutomo sarani 40 hito wa kanji mashi ta
In the meantime I felt at least another forty of them

彼らは最初の小さな男を追いかけていました
karera wa saisho no chiisana otoko wa oikake te iya mashi ta

they were following the first little man
私は最大の驚きでした
watashi wa saidai no odoroki deshi ta
I was in the utmost astonishment
私は大声で咆哮したので、彼らは皆恐怖で戻ってきました
watashi wa oogoe de houkou shi ta node 、 karera wa mina kyofu de modotsu te ki mashi ta
I roared so loud that they all ran back in a fright
そしてそれらのいくつかは私の側面から飛び降りて怪我をしました
soshite sorera no ikutsu ka wa watashi no sokumen kara tobiori te kega wa shi mashi ta
and some of them were hurt from jumping off me sides
しかし、彼らはすぐに戻ってきました
shikashi 、 karera wa sugu ni modotsu te ki mashi ta
However, they soon returned
そしてそのうちの1人は私の顔を見るのに十分な距離まで冒険しました
soshite sono uchi no 1 hito wa watashi no kao wa miru no ni juubun nani kyori made bouken shi mashi ta
and one of them ventured far enough to see my face
彼は感心して手を上げた
kare wa kanshin shi te te wa age ta
he lifted up his hands in admiration
私は非常に不安なままこれらすべてを横たえました
watashi wa hijou ni fuan nani mama korera subete wa yokotae mashi ta
I lay all this while in great uneasiness

しかし、とうとう、私は緩むのに苦労しました
shikashi、 toutou、 watashi wa yurumu no ni kurou shi mashi ta
but at length, I struggled to get loose
そしてついに私は糸を壊すことに成功しました
soshite tsuini watashi wa itoi wa kowasu koto ni seiko shi mashi ta
and finally I succeeded in breaking the strings
左腕が自由になりました
hidariude ga jiyuu ni nari mashi ta
my left arm was now free
次に私は頭を激しく引っ張った
ji ni watashi wa tou wa hageshiku hippatsu ta
next I gave a violent pull with my head
これは私の髪に大きな痛みを与えました
kore wa watashi no kami ni ookina itami wa atae mashi ta
this gave my hair great pain
しかし、私は髪の周りの紐を少し緩めました
shikashi、 watashi wa kami no mawari no himo wa sukoshi yurume mashi ta
but I loosened the strings around my hair a little
今、私は頭を約2インチ回すことができました
ima、 watashi wa tou wa yaku 2 inchi mawasu koto ga deki mashi ta
now I was able to turn my head about two inches
しかし、生き物は二度目に逃げました
shikashi、 ikimono wa ni dome ni nige mashi ta
But the creatures ran off a second time

そして私はそれらをつかむ機会がありませんでした
soshite watashi wa sorera wa tsukamu kikai ga ari mase nichi deshi ta
and I had not chance to seize them
これらすべてが小さな人々から大きな騒動を引き起こしました
korera subete ga chiisana hitoodoriji kara ookina soudou wa hikiokoshi mashi ta
all this caused a great uproar from the little people
一瞬で私は百本以上の矢を感じました
isshun de watashi wa hyaku hon ijou no ya wa kanji mashi ta
in an instant I felt more than a hundred arrows
彼らは私の左手に小さな矢を放ちました
karera wa watashi no hidarite ni chiisana ya wa hanachi mashi ta
they had shot their little arrows at my left hand
彼らはたくさんの針のように私を刺しました
karera wa takusan no shin no you ni watashi wa sashi mashi ta
they pricked me like so many needles
さらに、彼らは別の攻撃を空中に撃ちました
sarani 、 karera wa betsu no kougeki wa kuchu ni uchi mashi ta
Moreover, they shot another attack into the air
これらのいくつかは私の顔に落ちました
korera no ikutsu ka wa watashi no kao ni ochi mashi ta
some of these fell on my face
私はすぐに左手で顔を覆った

watashi wa sugu ni hidarite de kao wa ootsu ta
I immediately covered my face with my left hand

この矢のシャワーが終わったとき、私は悲しみと痛みでうめきました
kono ya no shower ga owatsu ta toki 、 watashi wa kanashimi to itami de umeki mashi ta
When this shower of arrows was over I groaned with grief and pain

私は再び緩んでみました
watashi wa futatabi yurun de mi mashi ta
I tried again to get loose

そして彼らは最初のものよりも大きな矢の別の飛行を放出しました
soshite karera wa saisho no mono yori mo ookina ya no betsu no hikou wa houshutsu shi mashi ta
and they discharged another flight of arrows larger than the first

そして彼らの何人かは槍で私を刺そうとしました
soshite karera no nani hito ka wa yari de watashi wa sasou u to shi mashi ta
and some of them tried to stab me with their spears

しかし幸運にも私は革のジャケットを着ていました
shikashi kouun ni mo watashi wa kaku no jacket wa chaku te iya mashi ta
but by good luck I had on a leather jacket

彼らがそれを突き刺す方法はありませんでした
karera ga sore wa tsukisasu houhou wa ari mase nichi deshi ta
there was no way they could pierce it

この時までに、私は夜までじっと横になっているのが最も賢明だと思いました

kono ji made ni 、 watashi wa yoru made jitto yoko ni natsu te iru no ga mottomo kenmei da to omoi mashi ta

By this time I thought it most prudent to lie still till night

私の左手はすでに自由でした

watashi no hidarite wa sudeni jiyuu deshi ta

my left hand was already free

後で簡単に解放できました

atode kantan ni kaihou deki mashi ta

I could easily free myself later

住民は本当に私を心配していませんでした

juumin wa hontouni watashi wa shinpai shi te iya mase nichi deshi ta

the inhabitants didn't really worry me

私は彼らの最大の軍隊よりも強いと確信していました

watashi wa karera no saidai no guntai yori mo tsuyoi to kakushin shi te iya mashi ta

I was sure I would be stronger than their greatest army

それらがすべて同じサイズである限り

sorera ga subete onaji saize de aru kagiri

as long as they were all the same size

人々は私が静かであることを観察しました

hitoodoriji wa watashi ga shizuka de aru koto wa kansatsu shi mashi ta

the people observed that I was quiet

それで彼らはこれ以上矢を放ちませんでした

sorede karera wa kore ijou ya wa hanachi mase nichi deshi ta

so they discharged no more arrows

しかし、私は彼らが数が増えていることを知っていました

shikashi 、 watashi wa karera ga suu ga fue te iru koto wa shitsu te iya mashi ta

but I knew that they were increasing in numbers

群衆の大きさが大きくなっているのが聞こえたからです

gunshuu no ookisa ga ookiku natsu te iru no ga kikoe ta kara desu

because I could hear the size of the crowd growing

私から約4ヤード離れたところでノックがありました

watashi kara yaku 4 yard hanare ta tokoro de nock ga ari mashi ta

about four yards from me there was a knocking

このノックは1時間の大部分続きました

kono nock wa 1ji ma no dai bubun tsuzuki mashi ta

this knocking lasted for the better part of an hour

彼らは仕事をしていて、何かを作っていたに違いありません

karera wa shigoto wa shi te iya te 、 nani ka wa tsukutsu te iya ta ni chigai ari mase nichi

they must have been at work, making something

私はできる限り騒音に頭を向けました

watashi wa dekiru kagiri souon ni tou wa muke mashi ta

I turned my head towards the noise as well as I could

ペグと弦はまだ私を制限していました

peg to tsuru wa mada watashi wa seigen shi te iya mashi ta

the pegs and strings still restricted me

ステージが設置されていました

stage ga setchi sa re te iya mashi ta

a stage had been set up

それは地面から約1フィート半でした

sore wa jimen kara yaku 1 feet han deshi ta

it was about a foot and a half from the ground

2つか3つのはしごがそれに取り付けられました

2 tsu ka 3 tsu no hashigo ga sore ni tori tsuki kera re mashi ta

two or three ladders were mounted to it

誰かがステージに立っていた

dare ka ga stage ni tatsu te iya ta

someone was standing on the stage

彼らは質の高い人のようでした

karera wa shitsu no takai hito no you deshi ta

they seemed to be a person of quality

そして彼らは長いスピーチをしていました

soshite karera wa nagai speci wa shi te iya mashi ta

and they were making a long speech

私はそれの言葉を理解することができませんでした

watashi wa sore no kotoba wa rikai suru koto ga deki mase nichi deshi ta

I could not understand a word of it

しかし、私は彼の態度から彼が何を言っているのかわかりました

shikashi 、 watashi wa kare no taido kara kare ga nani wa

itsu te iru no ka wakari mashi ta
but I could tell from his manner what he was saying
時々彼は私を脅迫していました
jiodoriji kare wa watashi wa kyouhaku shi te iya mashi ta
sometimes he was threatening me
他の時には彼は同情と優しさで話しました
hoka no ji ni wa kare wa doujou to yasashi sa de hanashi mashi ta
at other times he spoke with pity and kindness
私は短い言葉で答えました
watashi wa mijikai kotoba de kotae mashi ta
I answered in few words
しかし、私はできるだけ従順であることを確認しました
shikashi、 watashi wa dekirudake juujun de aru koto wa kakunin shi mashi ta
but I made sure to be as submissive as possible
今では私はほとんど空腹に飢えていました
ima de wa watashi wa hotondo kuufuku ni ue te iya mashi ta
by now I was almost famished with hunger
そして私は彼らの優しさに頼るようになったことを知っていました
soshite watashi wa karera no yasashisa ni tayoru you ni natsu ta koto wa shitsu te iya mashi ta
and I knew I had come to depend on their kindness
私は焦りを示さずにはいられませんでした
watashi wa aseri wa shimesa zu ni haira re mase nichi deshi ta

I could not help showing my impatience

私は食べ物が欲しいことを示すために、頻繁に指を口に入れました

watashi wa tabemono ga hoshii koto wa shimesu tame ni、hinpan ni yubi wa guchi ni ire mashi ta

I put my finger frequently to my mouth, to signify that I wanted food

彼は私をとてもよく理解していました

kare wa watashi wa totemo yoku rikai shi te iya mashi ta

He understood me very well

そして彼はステージから降りた

soshite kare wa stage kara ori ta

and he descended from the stage

彼は私の側にいくつかのはしごを置くように命じました

kare wa watashi no gawa ni ikutsu ka no hashigo wa oku you ni meiji mashi ta

he commanded several ladders to be put against my sides

100人以上の住民がはしごを登りました

100 hito ijou no juumin ga hashigo wa nobori mashi ta

more than a hundred of the inhabitants climbed up the ladders

そして彼らは食べ物でいっぱいのバスケットを持って私の口に向かって歩きました

soshite karera wa tabemono de ippai no basket wa motsu te watashi no guchi ni mukatsu te aruki mashi ta

and they walked toward my mouth with baskets full of food

マトンの足と肩がありました

maton no ashi to kata ga ari mashi ta
There were legs and shoulders of mutton
しかし、彼らはヒバリの羽よりも小さかった
shikashi、karera wa hibari no u yori mo chiisakatsu ta
but they were smaller than the wings of a lark
一口で2、3個食べました
ichikuchi de 2、3 ko tabe mashi ta
I ate them two or three at a mouthful
そして私は一度に3つのパンを取りました
soshite watashi wa ichi do ni 3 tsu no pan wa tori mashi ta
and I took three loaves at a time
彼らはできるだけ早く私に供給しました
karera wa dekirudake hayaku watashi ni kyoukyuu shi mashi ta
They supplied me as fast as they could
そして彼らは私の食欲に驚嘆しました
soshite karera wa watashi no shokuyoku ni kyoutan shi mashi ta
and they marvelled at my appetite
それから私は何か飲み物が欲しいというサインをしました
sorekara watashi wa nani ka nomimono ga hoshii toiu sain wa shi mashi ta
I then made a sign that I wanted something to drink
彼らは少量では十分ではないと推測しました
karera wa shouryou de wa juubun de wa nai to suisoku shi mashi ta
They guessed that a small quantity would not suffice me
それで彼らは私に彼らの最大の樽を持ってきました

sorede karera wa watashi ni karera no saidai no taru wa motsu te ki mashi ta

so they brought me their largest barrel

彼らはそれを私の手に向かって転がしました

karera wa sore wa watashi no te ni mukatsu te korogashi mashi ta

they rolled it towards my hand

そして彼らは私のためにトップを開けました

soshite karera wa watashi no tame ni top wa ake mashi ta

and then they opened the top for me

一気に飲んでみました

ikkini non de mi mashi ta

I drank it in one gulp

それは半分のパイント以上を保持していなかったので

sore wa hanbun no pint ijou wa hoji shi te iya nakatsu ta node

because it did not hold more than half a pint

彼らは私に2番目のバレルを持ってきました

karera wa watashi ni dai2 no barrell wa motsu te ki mashi ta

They brought me a second barrel

私もこの樽を飲みました

watashi mo kono taru wa nomi mashi ta

I drank this barrel also

そして私はもっとサインをしました

soshite watashi wa motto sain wa shi mashi ta

and I made signs for more

しかし、彼らは私に与えるものがもうありませんで

した

shikashi、 karera wa watashi ni ataeru mono ga mo ari mase nichi deshi ta

but they had no more to give me

私はこれらの小さな人々がどれほど大胆であるか疑問に思わずにはいられませんでした

watashi wa korera no chiisana hitoodoriji ga dorehodo daitan de aru ka gimon ni omowa zu ni haira re mase nichi deshi ta

I could not but wonder how daring these tiny people were

彼らはあえて私の体に乗り、歩きました

karera wa aete watashi no tai ni nori、 aruki mashi ta

they ventured to mount and walk upon my body

そして彼らは私の手が自由であることを知っていました

soshite karera wa watashi no te ga jiyuu de aru koto wa shitsu te iya mashi ta

and they knew my hand was free

しかし、それにもかかわらず、彼らは一度も震えませんでした

shikashi、 sore ni mo kakawara zu、 karera wa ichi do mo furue mase nichi deshi ta

but despite this they never trembled once

私は彼らにとって巨大な生き物に見えたに違いありませんが

watashi wa karera nitotte kyodai nani ikimono ni mie ta ni chigai ari mase nichi ga

even though I must have seemed a huge creature to them

しばらくして、高位の人が来ました
shibaraku shi te 、 koui no hito ga rai mashi ta
After some time a person of high rank came

彼は皇帝陛下から来ました
kare wa koutei heika kara rai mashi ta
he was from his Imperial Majesty

閣下は私の右足をマウントしました
kakka wa watashi no migiashi wa maunt shi mashi ta
His Excellency mounted my right leg

そして彼は私の顔に進んだ
soshite kare wa watashi no kao ni susun da
and then he advanced to my face

彼の部下の約十数人が彼に従った
kare no buka no yaku juu suu hito ga kare ni shitagatsu ta
about a dozen of his men followed him

彼は約10分間話しました
kare wa yaku 10 funkan hanashi mashi ta
he spoke for about ten minutes

彼はしばしば同じ方向を指さした
kare wa shibashiba onaji houkou wa yubisa shi ta
he often pointed in the same direction

その後、私はこれが首都に向かっていることに気づきました
sonogo 、 watashi wa kore ga shuto ni mukatsu te iru koto ni kizuki mashi ta
afterwards I found this was towards the capital city

それは私たちがいた場所から約半マイルでした
sore wa watashi tachi ga iya ta basho kara yaku han mairu

deshi ta
it was about half a mile from where we were

陛下は私を運ぶように命じました
heika wa watashi wa hakobu you ni meiji mashi ta
his Majesty had commanded that I should be carried

ゆるい手でサインをしました
yurui te de sain wa shi mashi ta
I made a sign with my hand that was loose

しかし、私は彼の閣下を傷つけないように注意しました
shikashi 、 watashi wa kare no kakka wa kizutsuke nai you ni chuui shi mashi ta
but I made sure not to hurt his Excellency

そして私は解放されたいと思っていることを示しました
soshite watashi wa kaihou sa re tai to omotsu te iru koto wa shimeshi mashi ta
and I showed that I desired to be freed

彼は私を十分に理解しているようでした
kare wa watashi wa juubun ni rikai shi te iru you deshi ta
He seemed to understand me well enough

彼は首を横に振ったので
kare wa kubi wa yoko ni futsu ta node
because he shook his head

しかし、彼は他の兆候も作りました
shikashi 、 kare wa hoka no choukou mo tsukuri mashi ta
but he made other signs too

これは私に十分な食べ物と飲み物があることを知ら

せました

kore wa watashi ni juubun nani tabemono to nomimono ga aru koto wa shirase mashi ta

this let me know there would be enough food and drink

そして私は非常に良い治療を約束されました

soshite watashi wa hijou ni yoi chiryou wa yakusoku sa re mashi ta

and I was promised very good treatment

私はもう一度逃げようと思いました

watashi wa moichido nigeyo u to omoi mashi ta

I thought once more of attempting to escape

しかし、それから私は彼らの矢からの傷を思い出しました

shikashi 、 sorekara watashi wa karera no ya kara no shou wa omoidashi mashi ta

but then I remembered the wounds from their arrows

私の顔と手は水ぶくれで覆われていました

watashi no kao to te wa mizubukure de oowa re te iya mashi ta

my face and hand were covered in blisters

そして私は敵の数が増えているのを観察しました

soshite watashi wa teki no suu ga fue te iru no wa kansatsu shi mashi ta

and I observed that the number of my enemies had increased

私は彼らが私の許可を得たことを示すためにサインを出しました

watashi wa karera ga watashi no kyoka wa toku ta koto wa shimesu tame ni sain wa dashi mashi ta

I gave a sign to show they had my permission
彼らは好きなように私と一緒にすることができました
karera wa suki nani you ni watashi to issho ni suru koto ga deki mashi ta
they could do with me as they pleased

それから彼らは私の顔と手を甘い香りの軟膏でこすりました
sorekara karera wa watashi no kao to te wa amai kaori no nankou de kosuri mashi ta
Then they rubbed my face and hands with a sweet-smelling ointment

数分ですべての痛みがなくなりました
suufun de subete no itami ga nakunari mashi ta
in a few minutes all the pain was gone

痛みと空腹からの解放は私を眠気にさせました
itami to kuufuku kara no kaihou wa watashi wa nemuke ni sa se mashi ta
The relief from pain and hunger made me drowsy

そして私は再び眠りに落ちました
soshite watashi wa futatabi nemuri ni ochi mashi ta
and I fell asleep again

後で言われたように、私は約8時間眠りました
atode iwa re ta you ni、watashi wa yaku 8ji ma nemuri mashi ta
I slept about eight hours, as I was told afterwards

そしてそれは驚くべきことではありませんでした
soshite sore wa odoroku beki koto de wa ari mase nichi deshi ta

and it was not surprising

彼らは眠っている薬をワインの樽に混ぜていました
karera wa nemutsu te iru yaku wa wine no taru ni maze te iya mashi ta
they had mingled a sleeping medicine into the barrel of wine

皇帝は私の到着をよく知っていたようです
koutei wa watashi no tochaku wa yoku shitsu te iya ta you desu
It seems that the emperor had been well informed of my arrival

彼らは私が彼らの島に来るのに気づいていました
karera wa watashi ga karera no shima ni kuru no ni kizui te iya mashi ta
they had noticed me coming onto their island

そして彼らは密かに私を追いかけたに違いありません
soshite karera wa mitsuka ni watashi wa oikake ta ni chigai ari mase nichi
and they must have followed me secretly

私が眠りに落ちたとき、それは私を縛ることに決めました
watashi ga nemuri ni ochi ta toki 、 sore wa watashi wa shibaru koto ni kime mashi ta
when I fell asleep it had been decided to tie me up

しかし、彼らはまた、事前に食べ物や飲み物を準備していました
shikashi 、 karera wa mata 、 jizen ni tabemono ya

nomimono wa junbi shi te iya mashi ta
but they had also prepared the food and drink well in advance

そして、私を首都に運ぶための機械が用意されていました
soshite 、 watashi wa shuto ni hakobu tame no kikai ga youi sa re te iya mashi ta
and a machine had been prepared to carry me to the capital city

500人の大工とエンジニアが雇用されました
500 hito no daiku to enginer ga koyou sa re mashi ta
Five hundred carpenters and engineers were employed

彼らはすぐにエンジンを準備するために働き始めました
karera wa sugu ni engin wa junbi suru tame ni hataraki hajime mashi ta
they immediately set to work to prepare the engine

それは木枠でした
sore wa ki waku deshi ta
It was a frame of wood

彼らはそれを地面から3インチ上げました
karera wa sore wa jimen kara 3 inchi age mashi ta
they raised it three inches from the ground

そしてそれは長さ約7フィート、幅4フィートでした
soshite sore wa nagasa yaku 7 feet 、 haba 4 feet deshi ta
and it was about seven feet long, and four wide

それは22の車輪で動いた
sore wa 22 no sharin de ugoi ta
it moved upon twenty-two wheels

しかし、難しかったのは私をそれに置くことでした
shikashi 、 muzukashikatsu ta no wa watashi wa sore ni oku koto deshi ta
But the difficulty was to put me on it

この目的のために80本の棒が建てられました
kono mokuteki no tame ni 80 hon no bou ga tatsuru tera re mashi ta
Eighty poles were erected for this purpose

そして非常に強いコードが包帯に固定されていました
soshite hijou ni tsuyoi code ga houtai ni kotei sa re te iya mashi ta
and very strong cords were fastened to bandages

労働者はこれらを私の周りで縛っていました
roudou mono wa korera wa watashi no mawari de shibatsu te iya mashi ta
the workmen had tied these around me

首、手、体、脚の周り
kubi 、 te 、 tai 、 ashi no mawari
around my neck, hands, body, and legs

その後、900人の最強の男性が切り上げられました
sonogo 、 900 hito no saikyo no dansei ga kiriage ra re mashi ta
Nine hundred of the strongest men were then rounded up

彼らはこれらのコードを滑車で引っ張った
karera wa korera no code wa kassha de hippatsu ta
they pulled these cords with pulleys

プラットフォームへの移動には3時間もかかりません

でした
platform he no idou ni wa 3ji ma mo kakari mase nichi deshi ta
moving me onto the platform took less than three hours

そしてそこで彼らは私を再び縛った
soshite soko de karera wa watashi wa futatabi shibatsu ta
and there they tied me again

皇帝の最大の馬の1500頭が切り上げられました
koutei no saidai no uma no 1500 tou ga kiriage ra re mashi ta
Fifteen hundred of the Emperor's largest horses were rounded up

各馬の高さは約4インチ半でした
kaku uma no takaiwa sa wa yaku 4 inchi han deshi ta
each horse was about four inches and a half high

そして彼らは私を首都に引き寄せるために雇われました
soshite karera wa watashi wa shuto ni hikiyoseru tame ni yatowa re mashi ta
and they were then employed to pull me towards the capital

しかし、これがすべて行われている間、私は深い眠りに横たわっていました
shikashi 、 kore ga subete okonawa re te iru ma 、 watashi wa fukai nemuri ni yokotawatsu te iya mashi ta
But while all this was done I lay in a deep sleep

そして、私たちが旅を始めてから4時間後まで私は目を覚ましませんでした
soshite 、 watashi tachi ga tabi wa hajime te kara 4ji ma

go made watashi wa me wa samashi mase nichi deshi ta
and I did not wake till four hours after we began our journey

ようやく首都にたどり着きました
yoyaku shuto ni tadori tsuki mashi ta
we had finally reached the capital

天皇と彼のすべての宮廷が私たちに会いに来ました
tenno to kare no subete no kyuutei ga watashi tachi ni ai ni rai mashi ta
The Emperor and all his Court came out to meet us

しかし、彼らは皇帝の命を危険にさらすことはありません
shikashi 、 karera wa koutei no mei wa kiken ni sarasu koto wa ari mase nichi
but they would not risk the Emperor's life

だから彼は私の体に行かなかった
dakar kare wa watashi no tai ni ika nakatsu ta
so he did not go onto my body

街の大門の近くに立ち寄りました
machi no daimon no chikaku ni tachiyori mashi ta
we stopped near the great gate of the city

ここには古代の寺院が立っていました
koko ni wa kodai no jiin ga tatsu te iya mashi ta
here there stood an ancient temple

おそらくこれは王国全体で最大の寺院でした
osoraku kore wa oukoku zentai de saidai no jiin deshi ta
supposedly this was the largest temple in the whole kingdom

そしてここで私は泊まるべきだと決心しました
soshite koko de watashi wa tomaru beki da to kesshin shi mashi ta
and here it was determined that I should lodge

彼らが私を彼らの街に望んでいたら、私は簡単に大きな門を通り抜けることができました
karera ga watashi wa karera no machi ni nozon de iya tara、watashi wa kantan ni ookina mon wa toorinukeru koto ga deki mashi ta
I could easily creep through the great gate, if they wanted me in their city

彼らは私に91本の鎖を固定しました
karera wa watashi ni 91 hon no sa wa kotei shi mashi ta
they fixed ninety-one chains to me

女性の時計にぶら下がっているようなチェーン
josei no tokei ni burasagatsu te iru you nani chan
chains like those which hang to a lady's watch

そして彼らは私の左足を36個の南京錠でロックしました
soshite karera wa watashi no hidariashi wa 36 ko no nankinjou de rock shi mashi ta
and they locked my left leg with thirty-six padlocks

労働者は私が解き放たれることは不可能であると判断しました
roudou mono wa watashi ga tokihanata reru koto wa fukanou de aru to handan shi mashi ta
the workmen determined it was impossible for me to break loose

そして、彼らは私を縛っていたすべてのひもを切り

ました
soshite 、 karera wa watashi wa shibatsu te iya ta subete no himo wa kiri mashi ta
and then they cut all the strings that bound me

島で寝て以来、初めて起き上がった
shima de ne te irai 、 hajimete okiagatsu ta
I rose up for the first time since I had slept on the island

そして私は私の人生でこれまでに経験したのと同じくらい憂鬱を感じました
soshite watashi wa watashi no jinsei de kore made ni keiken shi ta no to onaji kurai yuuutsu wa kanji mashi ta
and I felt as melancholy as I ever had in my life

人々の騒音と驚きは表現できませんでした
hitoodoriji no souon to odoroki wa hyougen deki mase nichi deshi ta
the noise and astonishment of the people was inexpressible

彼らはこれほど大きなものが立ち上がるのを見たことがありませんでした
karera wa kore hodo ookina mono ga tachiagaru no wa mi ta koto ga ari mase nichi deshi ta
they had never seen something so big stand up

私の左足を支えていた鎖は約2ヤードの長さでした
watashi no hidariashi wa sasae te iya ta sa wa yaku 2 yard no nagasa deshi ta
The chains that held my left leg were about two yards long

半円を描いて歩くのに十分な自由がありました
hanen wa egai te aruku no ni juubun nani jiyuu ga ari mashi ta

I had enough freedom to walk in a semicircle
そして私は神殿の中でほぼ全身に横たわることができました
soshite watashi wa shinden no naka de hobo zenshin ni yokotawaru koto ga deki mashi ta
and I could just about lie at full length inside the temple
皇帝は廷臣の中から私に向かって進んできました
koutei wa teishin no naka kara watashi ni mukatsu te susun de ki mashi ta
The Emperor advanced toward me from among his courtiers
彼は大きな賞賛で私を調査しました
kare wa ookina shousan de watashi wa chousa shi mashi ta
he surveyed me with great admiration
しかし、彼は私の鎖の長さを超えてとどまりました
shikashi、kare wa watashi no sa no nagasa wa koe te todomari mashi ta
but he stayed beyond the length of my chain
彼は他の部下よりも背が高かった
kare wa hoka no buka yori mo se ga takakatsu ta
He was taller than the rest of his men
しかし、指の爪の半分の長さだけです
shikashi、yubi no tsume no hanbun no nagasa dake desu
but only by about the length of half a fingernail
これだけでも、見る人に畏敬の念を抱かせるのに十分でした
kore dake demo、miru hito ni ikei no nen wa idaka seru no ni juubun deshi ta

this alone was enough to strike awe into the beholders
彼を見るのが良ければ良いほど、私は横になりました
kare wa miru no ga yokere ba yoi hodo 、 watashi wa yoko ni nari mashi ta
The better to behold him, I lay down on my side
私の顔が彼と同じ高さになるように
watashi no kao ga kare to onaji takaiwa sa ni naru you ni
so that my face was level with his
そして彼は3ヤード離れたところに立っていました
soshite kare wa 3 yard hanare ta tokoro ni tatsu te iya mashi ta
and he stood three yards off
しかし、それ以来、私は何度も彼を手に持っていました
shikashi 、 sore irai 、 watashi wa nani do mo kare wa te ni motsu te iya mashi ta
However, I have had him in my hand many times since then
したがって、私はだまされることはできません
shitagatte 、 watashi wa damasa reru koto wa deki mase nichi
and therefore I cannot be deceived
彼のドレスはとてもシンプルでした
kare no dress wa totemo simple deshi ta
His dress was very simple
しかし、彼は金の軽いヘルメットをかぶっていました

shikashi、 *kare wa kin no karui helmet wa kabutsu te iya mashi ta*
but he wore a light helmet of gold

それは宝石と羽毛で飾られていました
sore wa houseki to umou de kazara re te iya mashi ta
it was adorned with jewels and a plume

彼は剣を手に持って、私が解き放たれた場合に身を守るために
kare wa ken wa te ni motsu te、 *watashi ga tokihanata re ta baai ni mi wa mamoru tame ni*
He held his sword drawn in his hand, to defend himself if I should break loose

それはほぼ3インチの長さでした
sore wa hobo 3 inchi no nagasa deshi ta
it was almost three inches long

そして柄は金でできていて、ダイヤモンドが豊富でした
soshite gara wa kin de deki te iya te、 *diamond ga houfu deshi ta*
and the hilt was of gold, enriched with diamonds

彼の声は甲高いものでしたが、非常に澄んでいました
kare no koe wa kandakai mono deshi ta ga、 *hijou ni sun de iya mashi ta*
His voice was shrill, but very clear

皇帝陛下は私によく話しかけられました
koutei heika wa watashi ni yoku banashi shika kera re mashi ta

His Imperial Majesty spoke often to me
そして私はできる限り彼に答えました
soshite watashi wa dekiru kagiri kare ni kotae mashi ta
and I answered him as best I could
しかし、私たちのどちらも言葉を理解できませんでした
shikashi 、 watashi tachi no dochira mo kotoba wa rikai deki mase nichi deshi ta
but neither of us could understand a word

第2章

dai2 akihiro

Chapter Two

約2時間後、裁判所は引退した
yaku 2ji ma go 、 saibansho wa intai shi ta
After about two hours the Court retired

私は強力なガードを与えられました
watashi wa kyouryoku nani gard wa atae ra re mashi ta
I was given a strong guard

彼は群衆を遠ざけた
kare wa gunshuu wa toozake ta
he kept the crowd at a distance

群衆の何人かはかなり無礼でした
gunshuu no nani hito ka wa kanari burei deshi ta
some of the crowd was rather impudent

私は家のドアのそばに座った
watashi wa ie no doa no soba ni suwatsu ta
I sat by the door of my house

そして彼らは私に矢を放ちます
soshite karera wa watashi ni ya wa hanachi masu
and they shoot their arrows at me

しかし、大佐はそれらのうちの6つを押収するように命じました
shikashi 、 taisa wa sorera no uchi no 6 tsu wa oushuu suru you ni meiji mashi ta
But the colonel ordered six of them to be seized

彼はそれらをひもで縛らせました

kare wa sorera wa himo de shibara se mashi ta

he had them tied up with string

そして彼はそれらを私の手に届けました

soshite kare wa sorera wa watashi no te ni todoke mashi ta

and he delivered them into my hands

そのうちの5つをコートのポケットに入れました

sono uchi no 5 tsu wa court no pocket ni ire mashi ta

I put five of them into my coat pocket

目の前に抱いた6人目の男

me no mae ni dai ta 6 hito me no otoko

the sixth man I held in front of me

それから私は彼を食べるような顔をしました

sorekara watashi wa kare wa taberu you nani kao wa shi mashi ta

then I made a face as if I would eat him

かわいそうな男はひどく叫んだ

kawaiso nani otoko wa hidoku saken da

The poor man screamed terribly

そして大佐と彼の将校は非常に苦しんでいました

soshite taisa to kare no shoukou wa hijou ni kurushin de iya mashi ta

and the colonel and his officers were much distressed

私がペンナイフを取り出すと、彼らはさらに心配になりました

watashi ga pen naifu wa toridasu to 、 karera wa sarani shinpai ni nari mashi ta

they grew even more concerned when I took out my penknife

しかし、私はすぐに彼らの心を安心させました
shikashi、 watashi wa sugu ni karera no kokoro wa anshin sa se mashi ta
But I soon set their minds at ease

私は彼が縛られていた糸を切った
watashi wa kare ga shibara re te iya ta itoi wa kitsu ta
I cut the strings he was bound with

そして私は彼をそっと地面に置いた
soshite watashi wa kare wa sotto jimen ni oi ta
and I put him gently on the ground

そこから彼はできるだけ速く走った
soko kara kare wa dekirudake hayaku hashitsu ta
from there he ran as fast as he could

残りも同じように扱いました
nokori mo onaji you ni atsukai mashi ta
I treated the rest in the same manner

私はポケットからそれらを一つずつ取り出しました
watashi wa pocket kara sorera wa hitotsu zutsu toridashi mashi ta
I took them one by one out of my pocket

私がそれをした3回目までに、群衆はユーモアを見ました
watashi ga sore wa shi ta 3 kai me made ni、 gunshuu wa umoa wa mi mashi ta
by the third time I did it the crowd saw the humour

そして、私の優しさのこの印に全員が喜んでいました
soshite、 watashi no yasashisa no kono in ni zenin ga

yorokon de iya mashi ta
and all were delighted at this mark of my kindness

夜になると、私は眠りにつくために引退しました
yoru ni naru to 、 watashi wa nemuri ni tsuku tame ni intai shi mashi ta
Toward night I retired to sleep

私はいくつかの困難で私の宿舎に入りました
watashi wa ikutsu ka no konnan de watashi no shukusha ni hairi mashi ta
I got into my lodgings with some difficulty

そしてここで私は地面に横たわった
soshite koko de watashi wa jimen ni yokotawatsu ta
and here I lay on the ground

私は二週間そうしなければなりませんでした
watashi wa ni shuukan sou shi nakere ba nari mase nichi deshi ta
I had to do so for a fortnight

ベッドはまだ準備中だった
bed wa mada junbi naka datsu ta
a bed was still being prepared for me

それは600の普通のベッドでできていました
sore wa 600 no futsuu no bed de deki te iya mashi ta
it was being made of six hundred ordinary beds

同じくらい多くの使用人が私に任命されました
onaji kurai ooku no shiyounin ga watashi ni ninmei sa re mashi ta
just as many servants were appointed to me

そして300人の仕立て屋が私に服のスーツを作りまし

た
soshite 300 hito no shitateya ga watashi ni fuku no sutsu wa tsukuri mashi ta
and three hundred tailors made me a suit of clothes

さらに、私は陛下の最も偉大な学者の6人を与えられました
sarani、 watashi wa heika no mottomo idai nani gakusha no 6 hito wa atae ra re mashi ta
Moreover, I was given six of his Majesty's greatest scholars

彼らは私に彼らの言語を教えるために雇われました
karera wa watashi ni karera no gengo wa oshieru tame ni yatowa re mashi ta
they were employed to teach me their language

すぐに天皇陛下と少し会話ができるようになりました
sugu ni tennouheika to sukoshi kaiwa ga dekiru you ni nari mashi ta
soon I was able to converse a little with the Emperor

彼はしばしば彼の訪問で私を称えました
kare wa shibashiba kare no houmon de watashi wa tatae mashi ta
he often honoured me with his visits

最初に私は自分の自由が欲しいと言う方法を学びました
saisho ni watashi wa jibun no jiyuu ga hoshii to iu houhou wa manabi mashi ta
first I learned how to say I wanted my liberty

毎日私は膝の上でそれを繰り返しました

mainichi watashi wa hiza no ue de sore wa kurikaeshi mashi ta
every day I repeated it on my knees

しかし、彼は時間がかかると答えました
shikashi 、 kare wa jikan ga kakaru to kotae mashi ta
but he answered that it would take time

まず、私は彼と彼の王国との平和を誓わなければなりません
mazu 、 watashi wa kare to kare no oukoku to no heiwa wa chikawa nakere ba nari mase nichi
first I must swear a peace with him and his kingdom

国の法律もありました:
kuni no houritsu mo ari mashi ta :
there was also a law of the nation:

私は彼の役員の2人によって捜索されなければなりません
watashi wa kare no yakuin no 2 hito niyotte sousaku sa re nakere ba nari mase nichi
I must be searched by two of his officers

これは私の助けなしにはできませんでした
kore wa watashi no tasuke nashi ni wa deki mase nichi deshi ta
this could not be done without my help

彼は私の手で彼らを信頼しました
kare wa watashi no te de karera wa shinrai shi mashi ta
he trusted them in my hands

そして私は彼らが私から取ったものはすべて返還されると約束されました

soshite watashi wa karera ga watashi kara totsu ta mono wa subete henkan sa reru to yakusoku sa re mashi ta

and I was promised all they took from me would be returned

私が国を離れるとき

watashi ga kuni wa hanareru toki

when I leave the country

私は二人の役員を取り上げました

watashi wa ni hito no yakuin wa toriage mashi ta

I took up the two officers

そして私はそれらをコートのポケットに入れました

soshite watashi wa sorera wa court no pocket ni ire mashi ta

and I put them into my coat pockets

紳士たちはペンと紙を持っていました

shinshi tachi wa pen to kami wa motsu te iya mashi ta

The gentlemen had pen and paper with them

そして彼らは彼らが見たすべてのものの正確なリストを作りました

soshite karera wa karera ga mi ta subete no mono no seikaku nani list wa tsukuri mashi ta

and they made an exact list of everything they saw

私は彼らのメモを私たちの言語に翻訳しました

watashi wa karera no memo wa watashi tachi no gengo ni honyaku shi mashi ta

I translated their notes into our language

「私たちはマンマウンテンの右コートポケットに入りました」

"watashi tachi wa man mountain no migi court pocket ni

hairi mashi ta"
"we went into the right coat pocket of the Man-Mountain"

「ここには粗い布が1枚だけ見つかりました」
"koko ni wa arai fu ga 1 mai dake mitsukari mashi ta"
"here we found only one great piece of coarse cloth"

「城の最大の部屋をカーペット敷くのに十分な大きさ」
"shiro no saidai no heya wa carpet shiku no ni juubun nani ooki sa"
"large enough to carpet the largest room of the castle"

「左のポケットには巨大な銀の胸がありました」
"hidari no pocket ni wa kyodai nani gin no mune ga ari mashi ta"
"In the left pocket we saw a huge silver chest"

「銀色のカバーが付いていた」
"giniro no cover ga tsui te iya ta"
"it had a silver cover on it"

「しかし、私たちはそれを開くことができませんでした」
"shikashi、 watashi tachi wa sore wa hiraku koto ga deki mase nichi deshi ta"
"but we could not open it"

「私たちは巨大な男に胸を開けるように頼みました」
"watashi tachi wa kyodai nani otoko ni mune wa akeru you ni tanomi mashi ta"
"we asked the giant man to open the chest"

「私たちの一人がそれに足を踏み入れました」

"watashi tachi no ichi hito ga sore ni ashi wa fumiire mashi ta"

"one of us stepped into it"

「彼は一種のほこりの中で足まで上がっていた」

"kare wa isshu no hokori no naka de ashi made agatsu te iya ta"

"he was up to his legs in a sort of dust"

「ほこりの一部が私たちの顔に飛んだ」

"hokori no ichibu ga watashi tachi no kao ni ton da"

"some of the dust flew into our faces"

「そしてほこりは私たち二人をくしゃみの発作に送りました」

"soshite hokori wa watashi tachi ni hito wa kushami no hossa ni okuri mashi ta"

"and the dust sent us both into a fit of sneezing"

「それから私たちは彼の右チョッキのポケットに行きました」

"sorekara watashi tachi wa kare no migi chock no pocket ni iki mashi ta"

"then we went to his right waistcoat pocket"

「ここに私たちは多くの白い薄い物質を見つけました」

"koko ni watashi tachi wa ooku no shiroi usui busshitsu wa mitsuke mashi ta"

"here we found a number of white thin substances"

「彼らは互いに折りたたまれていました」

"karera wa tagaini oritatama re te iya mashi ta"

"they were folded one over the other"

「それぞれが3人くらいの大きさでした」

"sorezore ga 3 hito kurai no ookisa deshi ta"
"each was about the size of three men"

「彼らは強いケーブルで結ばれていました」
"karera wa tsuyoi cable de musuba re te iya mashi ta"
"they were tied with a strong cable"

「そして彼らは黒い数字でマークされていました」
"soshite karera wa kuroi suuji de mark sa re te iya mashi ta"
"and they were marked with black figures"

「私たちは謙虚にそれが彼らの書記体系であると仮定します」
"watashi tachi wa kenkyo ni sore ga karera no shoki taikei de aru to katei shi masu"
"we humbly assume it is their writing system"

「左側には一種のエンジンがありました」
"hidarigawa ni wa isshu no engin ga ari mashi ta"
"In the left there was a sort of engine"

「エンジンの後ろには20本の長いポールがありました」
"engin no ushiro ni wa 20 hon no nagai paul ga ari mashi ta"
"at the back of the engine there were twenty long poles"

「私たちはこれがマンマウンテンが彼の髪をとかす方法であると仮定します」
"watashi tachi wa kore ga man mountain ga kare no kami wa tokasu houhou de aru to katei shi masu"
"we assume this is how the man-mountain combs his hair"

「それから、右側の小さなポケットに入りました」
"sorekara 、 migigawa no chiisana pocket ni hairi mashi

ta"

"then we went into the smaller pocket on the right side"

「ここにはいくつかの丸い平らな部分の金属がありました」

"koko ni wa ikutsu ka no marui taira nani bubun no kinzoku ga ari mashi ta"

"here there were several round flat pieces metal"

「それらのいくつかは銀のように見えました」

"sorera no ikutsu ka wa gin no you ni mie mashi ta"

"some of them appeared to be silver"

「しかし、それらは非常に大きかったので、それらを持ち上げることができませんでした」

"shikashi 、 sorera wa hijou ni ookikatsu ta node 、 sorera wa mochiageru koto ga deki mase nichi deshi ta"

"but they were so large we could not lift them"

「別のポケットから巨大な銀の鎖がぶら下がっていました」

"betsu no pocket kara kyodai nani gin no sa ga burasagatsu te iya mashi ta"

"From another pocket hung a huge silver chain"

「チェーンの終わりには素晴らしい種類のエンジンがありました」

"chan no owari ni wa subarashii shurui no engin ga ari mashi ta"

"at the end of the chain was a wonderful kind of engine"

「半分は銀色で、半分は透明な金属の地球儀」

"hanbun wa giniro de 、 hanbun wa toumei nani kinzoku no chikyuugi"

"a globe half silver and half of some transparent metal"

「透明な側には、特定の奇妙な人物が見えました」
"toumei nani gawa ni wa 、 tokutei no kimyou nani jinbutsu ga mie mashi ta"
"on the transparent side we saw certain strange figures"

「触ってもいいと思った」
"sawatsu te mo ii to omotsu ta"
"we thought we could touch them"

「しかし、私たちの指は輝く物質によって止められていることがわかりました」
"shikashi 、 watashi tachi no yubi wa kagayaku busshitsu niyotte tome ra re te iru koto ga wakari mashi ta"
"but we found our fingers were stopped by the shining substance"

「このエンジンは絶え間なく音を立てました」
"kono engin wa taema naku on wa tate mashi ta"
"This engine made an incessant noise"

「水車小屋のように聞こえた」
"suisha koya no you ni kikoe ta"
"it sounded like a water-mill"

「それは未知の動物か彼らの神のどちらかです」
"sore wa michi no dobutsuenmae ka karera no kami no dochira ka desu"
"it is either some unknown animal or their God"

「おそらく後者です」
"osoraku kousha desu"
"it is probably the latter"

「彼はいつもそれを参照していると私たちに言ったので」
"kare wa itsumo sore wa sanshou shi te iru to watashi

tachi ni itsu ta node"
"because he told us that he always refers to it"

「これは私たちがマンマウンテンで見つけたもののリストです」

"kore wa watashi tachi ga man mountain de mitsuke ta monono list desu"

"This is a list of what we found on the Man-Mountain"

「彼は私たちを非常に礼儀正しく扱ったと言われるべきです」

"kare wa watashi tachi wa hijou ni reigi tadashiku atsukatsu ta to iwa reru beki desu"

"it should be said that he treated us with great civility"

私はまた、彼らの捜索を逃れた1つのプライベートポケットを持っていました

watashi wa mata 、 karera no sousaku wa nogare ta 1 tsu no private pocket wa motsu te iya mashi ta

I also had one private pocket which escaped their search

それは眼鏡のペアを含んでいました

sore wa megane no pair wa fukun de iya mashi ta

it contained a pair of spectacles

そしてそれはまた小さなスパイグラスを持っていました

soshite sore wa mata chiisana spi glass wa motsu te iya mashi ta

and it also had a small spy-glass

しかし、これらは皇帝にとって何の影響もありませんでした

shikashi 、 korera wa koutei nitotte nani no eikyou mo ari

mase nichi deshi ta
but these were of no consequence to the Emperor
だから私はそれについて言及しなければならないとは感じませんでした
dakar watashi wa sore nitsuite genkyuu shi nakere ba nara nai to wa kanji mase nichi deshi ta
so I did not feel I had to mention it

第3章
dai3 akihiro
Chapter Three

私の優しさは天皇の信頼を得ました
watashi no yasashisa wa tenno no shinrai wa toku mashi ta
My gentleness gained the trust of the Emperor

そして一般の人々もそれに気づきました
soshite ippan no hitoodoriji mo sore ni kizuki mashi ta
and the people in general noticed it too

私はすぐに自由を手に入れるという希望を持ち始めました
watashi wa sugu ni jiyuu wa te ni ireru toiu kibou wa mochi hajime mashi ta
I began to have hopes of getting my liberty soon

原住民は徐々に私を恐れなくなりました
genjuumin wa suhodoriji ni watashi wa osore naku nari mashi ta
The natives slowly became less fearful of me

私は時々子供たちのために手を差し出しました
watashi wa jiodoriji kodomo tachi no tame ni te wa sashidashi mashi ta
I would sometimes hold my hand out for the children

そして私はそれらのうちの5つか6つを私の手で踊らせました
soshite watashi wa sorera no uchi no 5 tsu ka 6 tsu wa watashi no te de odora se mashi ta

and I would let five or six of them dance on my hand
結局、彼らは私の髪にかくれんぼさえしました
kekkyoku 、 karera wa watashi no kami ni kakurenbo sae shi mashi ta
in the end they even played hide-and-seek in my hair
軍の馬はもはや恥ずかしがり屋ではありませんでした
kano no uma wa mohaya hazukashigari ya de wa ari mase nichi deshi ta
The horses of the army were no longer shy
毎日、彼らは私を通り過ぎました
mainichi 、 karera wa watashi wa toorisugi mashi ta
each day they were led past me
ある日、私は天皇を楽しませることにしました
aru nichi 、 watashi wa tenno wa tanoshima seru koto ni shi mashi ta
one day I decided to amuse the Emperor
私は9本の小さな棒を取りました
watashi wa 9 hon no chiisana bou wa tori mashi ta
I took nine small sticks
そしてそれらを正方形の地面にしっかりと固定しました
soshite sorera wa seihoukei no jimen ni shikkari to kotei shi mashi ta
and fixed them firmly in the ground in a square
それから私は他の4本の棒を取りました
sorekara watashi wa hoka no 4 hon no bou wa tori mashi ta
Then I took four other sticks

私はそれらを各コーナーに平行に結びました
watashi wa sorera wa kaku corner ni heikou ni musubi mashi ta
I tied them parallel to each corner

これは地面から約2フィート上げました
kore wa jimen kara yaku 2 feet age mashi ta
this I raised about two feet from the ground

そしてすべての棒は地面から立っていました
soshite subete no bou wa jimen kara tatsu te iya mashi ta
and all the sticks stood out of the ground

私はハンカチを9本の棒に固定しました
watashi wa hankachi wa 9 hon no bou ni kotei shi mashi ta
I fastened my handkerchief to the nine sticks

そして私はハンカチを四方に伸ばしました
soshite watashi wa hankachi wa shihou ni nobashi mashi ta
and I extended the handkerchief on all sides

太鼓のようにぴんと張るまで
taiko no you ni pinto haru made
till it was as taut as a drum

私は彼の最高の馬の軍隊を天蓋に招待しました
watashi wa kare no saikou no uma no guntai wa tengai ni shoutai shi mashi ta
I invited a troop of his best horses onto the canopy

彼らはそれで彼らのパフォーマンスをすることができました
karera wa sore de karera no performance wa suru koto ga deki mashi ta
they could do their performances on it

陛下は提案を承認しました
heika wa teian wa shounin shi mashi ta
His majesty approved of the proposal

そして私はそれらを一つずつ取り上げました
soshite watashi wa sorera wa hitotsu zutsu toriage mashi ta
and I took them up one by one

そして各将校は彼の馬を思いついた
soshite kaku shoukou wa kare no uma wa omoitsui ta
and each officer came up with his horse

彼らが整頓されるとすぐに、彼らは2つのパーティーに分かれました
karera ga seiton sa reru to sugu ni 、 karera wa 2 tsu no party ni wakare mashi ta
As soon as they got into order they divided into two parties

彼らは鈍い矢を放った
karera wa nibui ya wa hanatsu ta
they discharged blunt arrows

彼らは剣を抜いて戦った
karera wa ken wa nui te tatakatsu ta
they drew their swords and battled

彼らは戦争のように逃げてお互いを追いかけました
karera wa sensou no you ni nige te otagai wa oikake mashi ta
they fled and pursued each other just like in war

彼らは私が今まで見た中で最高の軍事規律を示しました
karera wa watashi ga ima made mi ta naka de saikou no

gunji kiritsu wa shimeshi mashi ta
they showed the best military discipline I ever seen

皇帝は娯楽に非常に喜んでいました
koutei wa goraku ni hijou ni yorokon de iya mashi ta
the Emperor was very much delighted with the entertainment

そして彼はそれを数回繰り返すように命じました
soshite kare wa sore wa suu kai kurikaesu you ni meiji mashi ta
and he ordered it to be repeated several times

私たちは皇后を説得して、彼女を椅子に抱かせてくれました
watashi tachi wa kougou wa settoku shi te 、 kanojo wa isu ni idaka se te kure mashi ta
we even persuaded the Empress to let me hold her in her chair

このようにして、彼女は上からパフォーマンスを見ることができました
kono you ni shi te 、 kanojo wa ue kara performance wa miru koto ga deki mashi ta
this way she could see the performance from above

幸い、重大な事故は発生しませんでした
saiwai 、 juudai nani jiko wa hassei shi mase nichi deshi ta
Fortunately no serious accident happened

気まぐれな馬が私のハンカチに穴を開けたことがあります
kimagure nani uma ga watashi no hankachi ni ana wa ake ta koto ga ari masu
once a temperamental horse struck a hole in my

handkerchief

彼はライダーと自分自身を倒した

kare wa lider to jibun jishin wa taoshi ta

he overthrew his rider and himself

しかし、私はすぐに両方を助けました

shikashi 、 watashi wa sugu ni ryouhou wa tasuke mashi ta

But I immediately helped them both up

そして私は片手で穴を覆いました

soshite watashi wa katate de ana wa ooi mashi ta

and I covered the hole with one hand

私は彼らを取り上げたように軍隊を置きました

watashi wa karera wa toriage ta you ni guntai wa oki mashi ta

I set down the troop as I had taken them up

転んだ馬は肩に負担をかけていた

koron da uma wa kata ni futan wa kake te iya ta

The horse that fell had strained its shoulder

しかし、ライダーは怪我をしていませんでした

shikashi 、 lider wa kega wa shi te iya mase nichi deshi ta

but the rider was not hurt

そして私はハンカチをできる限り修理しました

soshite watashi wa hankachi wa dekiru kagiri shuuri shi mashi ta

and I repaired my handkerchief as well as I could

しかし、私はもはやその強さを信用していませんでした

shikashi 、 watashi wa mohaya sono tsuyoshi sa wa shinyou shi te iya mase nichi deshi ta

However, I didn't trust the strength of it any more

私は自分の自由のために多くの嘆願をしました
watashi wa jibun no jiyuu no tame ni ooku no tangan wa shi mashi ta
I had made many pleas for my liberty

陛下はそれのために会議さえ開催しました
heika wa sore no tame ni kaigi sae kaisai shi mashi ta
his Majesty even held a meeting for it

この概念は、1人を除いて誰も反対しませんでした
kono gainen wa、1 hito wa nozoi te dare mo hantai shi mase nichi deshi ta
the notion was opposed by none except one

スカイレシュ・ボルゴラム、王国の提督
skyreshutiborgoram、oukoku no teitoku
Skyresh Bolgolam, the admiral of the realm

彼は自分を私の敵にすることに決めました
kare wa jibun wa watashi no teki ni suru koto ni kime mashi ta
he had decided to make himself my enemy

彼は挑発することなくそうしました
kare wa chouhatsu suru koto naku sou shi mashi ta
he did so without any provocation

しかし、彼はついに私を解放することに同意しました
shikashi、kare wa tsuini watashi wa kaihou suru koto ni doui shi mashi ta
However, he finally agreed to let me free

しかし、彼はいくつかの条件を作成することに成功

しました
shikashi 、 kare wa ikutsu ka no jouken wa sakusei suru koto ni seiko shi mashi ta
but he succeeded in drawing up some conditions

これらの条件は私に読まれました
korera no jouken wa watashi ni yoma re mashi ta
these conditions were read to me

そして私は彼らの命令に従うことを約束しなければなりませんでした
soshite watashi wa karera no meirei ni shitagau koto wa yakusoku shi nakere ba nari mase nichi deshi ta
and I had to promise to follow their orders

この約束は彼らの伝統的な方法でなされました
kono yakusoku wa karera no dento teki nani houhou de nasa re mashi ta
this promise was made in their traditional way

私は右足を左手で握らなければなりませんでした
watashi wa migiashi wa hidarite de nigira nakere ba nari mase nichi deshi ta
I had to hold my right foot in my left hand

そして私は中指を頭に置かなければなりませんでした
soshite watashi wa nakayubi wa tou ni oka nakere ba nari mase nichi deshi ta
and I had to place my middle finger on my head

私の親指は私の右耳の上になければなりませんでした
watashi no oyayubi wa watashi no migi mimi no ue ni nakere ba nari mase nichi deshi ta

my thumb had to be on the top of my right ear
そして私は彼らの条件を繰り返さなければなりませんでした
soshite watashi wa karera no jouken wa kurikaesa nakere ba nari mase nichi deshi ta
and then I had to repeat their conditions
私は条件の翻訳をしました:
watashi wa jouken no honyaku wa shi mashi ta :
I have made a translation of the conditions:
「ゴルバステ・ママレム・エヴラメ・グルディール・シェフィン・ムリー・ウリー・グー」
"gorbasteamamaremaguredarumashevinume"
"Golbaste Mamarem Evlame Gurdile Shefin Mully Ully Gue"
「リリパットの最も強力な皇帝」
"lillipat no mottomo kyouryoku nani koutei"
"Most Mighty Emperor of Lilliput"
「宇宙の喜びと恐怖」
"uchu no yorokobi to kyofu"
"delight and terror of the universe"
「彼の支配は地球の果てまで広がっています」
"kare no shihai wa chikyuu no hate made hirogatsu te iya masu"
"his dominions extends to the ends of the globe"
「すべての君主の君主」
"subete no kunshu no kunshu"
"monarch of all monarchs"
「人の子よりも背が高い」
"hito no ko yori mo se ga takai"

"taller than the sons of men"
「彼の足は地球の中心まで押し下げられます」
"kare no ashi wa chikyuu no chuushin made oshisage ra re masu"
"his feet press down to the centre of the earth"
「そして彼の頭は太陽にぶつかる」
"soshite kare no tou wa taiyo ni butsukaru"
"and his head strikes against the sun"
「彼のうなずきで、地球の王子たちは膝を振る」
"kare no unazuki de 、 chikyuu no ouji tachi wa hiza wa furu"
"at his nod the princes of the earth shake their knees"
「春のように気持ちいい」
"haru no you ni kimochii"
"as pleasant as the spring"
「夏のように快適」
"natsu no you ni kaiteki"
"as comfortable as the summer"
「秋のように実り多い」
"aki no you ni minori ooi"
"as fruitful as autumn"
「冬のように恐ろしい」
"fuyu no you ni osoroshii"
"as dreadful as winter"
「彼の最も崇高な陛下はマンマウンテンに申し出ます」
"kare no mottomo suukou nani heika wa man mountain ni moushide masu"
"His Most Sublime Majesty offers to the Man-Mountain"

「最近私たちの天の支配に到着した人」
"saikin watashi tachi no ten no shihai ni tochaku shi ta hito"
"the one who lately arrived at our celestial dominions"

「厳粛な誓いにより、彼は次のことを行う義務を負う」
"genshuku nani chikai niyori 、 kare wa ji no koto wa okonau gimu wa ou"
"by a solemn oath he shall be obliged to perform the following"

「まず。マンマウンテンは私たちの領土から出発する許可が必要です」
"mazu .man mountain wa watashi tachi no ryoudo kara shuppatsu suru kyoka ga hitsuyo desu"
"First. The Man-Mountain needs permission to depart from our dominions"

「第二に。彼は私たちの大都市に来る許可が必要です」
"daini ni .kare wa watashi tachi no ootoshi ni kuru kyoka ga hitsuyo desu"
""Second. He needs permission to come into our metropolis"

「住民はこれが起こる前に2時間前に警告を受けなければならない」
"juumin wa kore ga okoru mae ni 2ji ma mae ni keikoku wa uke nakere ba nara nai"
"the inhabitants shall have two hours' warning before this happens"

「3番目。マンマウンテンは彼の散歩を私たちの高速道路に限定します

"dai3 .man mountain wa kare no sanpo wa watashi tachi no kawaguchi douro ni gentei shi masu

"Third. The Man-Mountain shall confine his walks to our highways

「彼は牧草地やトウモロコシ畑を歩いたり横になったりすることはできません」

"kare wa bokusou chi ya toumorocos hata wa arui tari yoko ni natsu tari suru koto wa deki mase nichi"

"he can't walk or lie down in a meadow or field of corn"

「4番目。彼は私たちの人々を踏みにじらないように注意しなければなりません。」

"dai4 .kare wa watashi tachi no hitoodoriji wa fuminijira nai you ni chuui shi nakere ba nari mase nichi ."

"Fourth. he must take care not to trample on our people"

「彼は私たちの馬と馬車に対して同じ予防策を講じなければなりません」

"kare wa watashi tachi no uma to basha nitaishite onaji yobou saku wa kouji nakere ba nari mase nichi"

"he must take the same precautions for our horses and carriages"

「そして彼は誰かを迎えに行く許可を求めなければなりません」

"soshite kare wa dare ka wa mukae ni iku kyoka wa motome nakere ba nari mase nichi"

"and he must ask permission to pick anyone up"

「5番目。メッセージの送信が必要な場合は、マンマウンテンが助けてくれます」

"dai5 .message no soushin ga hitsuyo nani baai wa、
man mountain ga tasuke te kure masu"
"Fifth. If we require messages to be sent the Man-Mountain will help us"

「彼はメッセンジャーと馬をポケットに入れます」
"kare wa messenger to uma wa pocket ni ire masu"
"he will put the messenger and the horse in his pocket"

「彼はそれらを6日間運びます」
"kare wa sorera wa 6nichi ma hakobi masu"
"he will carry them for six days"

「そして、必要に応じて、彼はメッセンジャーを返します」
"soshite、 hitsuyo ni ouji te、 kare wa messenger wa kaeshi masu"
"and he will return the messenger, if so required"

「6番目。彼は私たちの敵に対する私たちの同盟国になるでしょう。」
"dai6 .kare wa watashi tachi no teki nitaisuru watashi tachi no doumei kuni ni naru desho u ."
"Sixth. He shall be our ally against our enemies"

「ブレフスクの島民」
"brevsk no toumin"
"the islanders of Blefuscu"

「そして彼は彼らの艦隊を破壊するために最善を尽くします」
"soshite kare wa karera no kantai wa hakai suru tame ni saizen wa tsukushi masu"
"and he will do his utmost to destroy their fleet"

「彼らは今、私たちを侵略する準備をしているから

です」
"karera wa ima 、 watashi tachi wa shinryaku suru junbi wa shi te iru kara desu"
"because they are now preparing to invade us"

「最後に。マンマウンテンが誓いを守れば:」
"saigo ni .man mountain ga chikai wa mamore ba :"
"Lastly. If the Man-Mountain keeps his oath:"

「彼は肉と飲み物の毎日の手当を持っているでしょう」
"kare wa niku to nomimono no mainichi no teate wa motsu te iru desho u"
"he will have a daily allowance of meat and drink"

「私たちの人々の千七百二十四人の支援に十分です」
"watashi tachi no hitoodoriji no 1724 hito no shien ni juubun desu"
"sufficient for the support of one thousand seven hundred and twenty four of our people"

「彼は私たちの王室の人に無料でアクセスできます」
"kare wa watashi tachi no oushitsu no hito ni muryo de access deki masu"
"he will have free access to our royal person"

「そして彼は私たちから多くの恩恵を得るでしょう」
"soshite kare wa watashi tachi kara ooku no onkei wa eru desho u"
"and he will gain many favours from us"

「ベルファブラクの私たちの宮殿で宣言されました

」
"belfabrac no watashi tachi no kyuuden de sengen sa re mashi ta"
"Declared at our palace at Belfaburac"

「私たちの治世の91月の12日目」
"watashi tachi no chisei no 91gatsu no 12nichi me"
"the twelfth day of the ninety-first moon of our reign"

私はこれらの条件に非常に陽気に誓いました
watashi wa korera no jouken ni hijou ni youki ni chikai mashi ta
I swore to these conditions with great cheerfulness

それから私の鎖はすぐにロック解除されました
sorekara watashi no sa wa sugu ni rock kaijo sa re mashi ta
then my chains were immediately unlocked

そして私は完全に自由でした
soshite watashi wa kanzen ni jiyuu deshi ta
and I was at full liberty

私は自由の約2週間を過ごしました
watashi wa jiyuu no yaku 2 shuukan wa sugoshi mashi ta
I had had about a fortnight of my freedom

それからある朝、レルドレサルが私のところにやって来ました
sorekara aru asa 、 redlesal ga watashi no tokoro ni yatteku mashi ta
then one morning Reldresal come to me

彼は天皇の私事秘書です
kare wa tenno no shiji hisho desu

he is the Emperor's secretary for private affairs
彼は一人の使用人だけが出席しました
kare wa ichi hito no shiyounin dake ga shusseki shi mashi ta
he was attended only by one servant
彼はしもべに遠くで待つように命じました
kare wa shimobe ni tooku de matsu you ni meiji mashi ta
He ordered his servant to wait at a distance
そして彼は私に私の注意の時間を求めました
soshite kare wa watashi ni watashi no chuui no jikan wa motome mashi ta
and he asked me for an hour of my attention
私は彼のために横になることを申し出ました
watashi wa kare no tame ni yoko ni naru koto wa moushide mashi ta
I offered to lie down for him
このようにして、彼は私の耳に届きやすくなるかもしれません
kono you ni shi te 、 kare wa watashi no mimi ni todoki yasuku naru kamo shire mase nichi
this way he might find it easier to reach my ear
しかし、彼は私に彼を私の手に握らせることを選びました
shikashi 、 kare wa watashi ni kare wa watashi no te ni nigira seru koto wa erabi mashi ta
but he chose to let me hold him in my hand
彼は私の自由についての賛辞から始めました
kare wa watashi no jiyuu nitsuite no sanji kara hajime mashi ta

He began with compliments on my liberty

しかし、彼は私が解放されて幸運だったと付け加えました

shikashi 、 kare wa watashi ga kaihou sa re te kouun datsu ta to tsukekuwae mashi ta

but he added that I was lucky to to be freed

「外国人には物事が繁栄しているように見えるかもしれません」

"gaikokujin ni wa monogoto ga hanei shi te iru you ni mieru kamo shire mase nichi"

"things may seem flourishing to foreigners"

「しかし、私たちは侵略の危険にさらされています」

"shikashi 、 watashi tachi wa shinryaku no kiken ni sarasa re te iya masu"

"but we are in danger of an invasion"

「ブレフスクという別の島があります」

"brevsk toiu betsu no shima ga ari masu"

"there is another island called Blefuscu"

「この島には宇宙のもう一つの偉大な帝国があります」

"kono shima ni wa uchu no mo hitotsu no idai nani teikoku ga ari masu"

"on this island is the other great empire of the universe"

「それは私たちの王国とほぼ同じくらい大きくて強力です」

"sore wa watashi tachi no oukoku to hobo onaji kurai ookiku te kyouryoku desu"

"it is almost as large and powerful as our kingdom"
「他にも王国があるとおっしゃいましたが」
"hoka ni mo oukoku ga aru to oshai mashi ta ga"
"I know you've said there are other kingdoms"
「自分と同じくらいの大きさの人間が住む王国」
"jibun to onaji kurai no ookisa no ningen ga sumu oukoku"
"kingdoms inhabited by human creatures as large as yourself"
「しかし、私たちの哲学者は非常に疑わしいです」
"shikashi 、 watashi tachi no tetsugaku mono wa hijou ni utagawashii desu"
"but our philosophers are very doubtful"
「彼らはあなたが月から落ちたと思います」
"karera wa anata ga gatsu kara ochi ta to omoi masu"
"they think that you dropped from the moon"
「または、あなたは星の1つから来たのかもしれません」
"mataha 、 anata wa hoshi no 1 tsu kara rai ta no kamo shire mase nichi"
"or perhaps you've come from one of the stars"
「百人のためのスペースがないからです」
"hyaku hito no tame no space ga nai kara desu"
"because there would not be space for a hundred you"
「あなたはすぐにすべての果物と牛を破壊するでしょう」
"anata wa sugu ni subete no kudamono to ushi wa hakai suru desho u"
"you would quickly destroy all the fruit and cattle"
「そして、陛下の領土には何も残らないでしょう」

"soshite 、 heika no ryoudo ni wa nani mo nokora nai desho u"
"and there would be nothing left of his Majesty's dominions"

「その上、私たちは私たちの歴史を見てきました」
"sono ue 、 watashi tachi wa watashi tachi no rekishi wa mi te ki mashi ta"
"Besides, we have looked at our history"

「私たちは6000以上の衛星の記録を持っています」
"watashi tachi wa 6000 ijou no eisei no kiroku wa motsu te iya masu"
"we have records of over six thousand moons"

「そして彼らは他の地域について言及していません」
"soshite karera wa hoka no chiiki nitsuite genkyuu shi te iya mase nichi"
"and they make no mention of any other regions"

「書かれているのは2つの強力な帝国だけです」
"kaka re te iru no wa 2 tsu no kyouryoku nani teikoku dake desu"
"all that is written of are two mighty empires"

「リリパットがあり、ブレフスクがあります」
"lillipat ga ari 、 brevsk ga ari masu"
"there is Lilliput and there is Blefuscu"

「とにかく、私はあなたにブレフスクについて話しようとしていました」
"tonikaku 、 watashi wa anata ni brevsk nitsuite banashi shiyo u to shi te iya mashi ta"
"anyway, I was about to tell you of Blefuscu"

「彼らは最も頑固な戦争に従事している」
"karera wa mottomo ganko nani sensou ni juuji shi te iru"
"they are engaged in a most obstinate war"

「それは次のように始まりました」
"sore wa ji no you ni hajimari mashi ta"
"it began in the following manner"

「過去には法律はかなり異なっていました」
"kako ni wa houritsu wa kanari kotonatsu te iya mashi ta"
"in the past the laws were quite different"

「好きなように卵を割ることができます」
"suki nani you ni ran wa waru koto ga deki masu"
"one could break an egg any way you liked"

「大きい方の端で卵を割ることさえできます」
"okii hou no tan de ran wa waru koto sae deki masu"
"one could even break the egg at the larger end"

「現在の陛下の曽祖父は少年でした」
"genzai no heika no so sofu wa shonen deshi ta"
"the present majesty's great grandfather was a young boy"

「彼は伝統的な方法で卵を割っていました」
"kare wa dento teki nani houhou de ran wa watsu te iya mashi ta"
"he was breaking an egg in the traditional way"

「彼はたまたま大きい方の端で卵を割っていました」
"kare wa tamatama okii hou no tan de ran wa watsu te iya mashi ta"
"he happened to be breaking the egg at the larger end"

「そしてこれから彼はたまたま彼の指の1本を切った

」
"soshite korekara kare wa tamatama kare no yubi no 1 hon wa kitsu ta"
"and from this he happened to cut one of his finger"

「この後、彼の父親は法律を変えました」
"kono go、 kare no chichioya wa houritsu wa kae mashi ta"
"after this his father changed the law"

(彼の父は当時の皇帝でした)
(kare no chichi wa touji no koutei deshi ta)
(his father was the emperor at the time)

「それ以来、私たちは小さい方の端から卵を割らなければなりませんでした」
"sore irai 、 watashi tachi wa chiisai hou no tan kara ran wa wara nakere ba nari mase nichi deshi ta"
"from then on we had to break eggs from the smaller end"

「人々はこの法律に憤慨した」
"hitoodoriji wa kono houritsu ni fungai shi ta"
"The people resented this law"

「そしてそれが原因で6つの反乱がありました」
"soshite sore ga genin de 6 tsu no hanran ga ari mashi ta"
"and there have been six rebellions due to it"

「一人の皇帝が命を落とした」
"ichi hito no koutei ga mei wa otoshi ta"
"one emperor lost his life"

「そして別の皇帝は彼の王冠を失った」
"soshite betsu no koutei wa kare no oukan wa ushinak ta"
"and another emperor lost his crown"

「私たちは歴史書から計算をしました」

"watashi tachi wa rekishi sho kara keisan wa shi mashi ta"
"we have made calculations from our history books"

「1100人が法律を破った」
"1100 hito ga houritsu wa yabutsu ta"
"eleven hundred persons have broken the law"

「そしてブレフスクの皇帝はビッグエンダーを励まします」
"soshite brevsk no koutei wa big ender wa hagemashi masu"
"and the Emperor of Blefuscu encourages the big-enders"

「彼らはいつも避難のために彼のところに逃げてきました」
"karera wa itsumo hinan no tame ni kare no tokoro ni nige te ki mashi ta"
"they have always fled to him for refuge"

「この血なまぐさい戦争は6と30の月の間続いています」
"kono chinamagusai sensou wa 6 to 30 no gatsu no ma tsudzui te iya masu"
"this bloody war has gone on for six-and-thirty moons"

「そして今、ブレフスクディアンは大規模な船隊を装備しています」
"soshite ima、 brevskdian wa dai kibo nani sentai wa soubi shi te iya masu"
"and now the Blefuscudians have equipped a large fleet of ships"

「彼らは私たちを攻撃する準備をしています」
"karera wa watashi tachi wa kougeki suru junbi wa shi te iya masu"

"they are preparing to attack us"

「皇帝陛下はあなたの力に大きな信頼を置いています」

"koutei heika wa anata no chikara ni ookina shinrai wa oi te iya masu"

"his Imperial Majesty places great confidence in your strength"

「そして彼は私にあなたの前に事件を起こすように頼んだ」

"soshite kare wa watashi ni anata no mae ni jiken wa okosu you ni tanon da"

"and he has asked me to set the case before you"

私は秘書に私の謙虚な義務を天皇に提示することを望みました

watashi wa hisho ni watashi no kenkyo nani gimu wa tenno ni teiji suru koto wa nozomi mashi ta

I desired the secretary to present my humble duty to the Emperor

「私が準備ができていることを彼に知らせてください」

"watashi ga junbi ga deki te iru koto wa kare ni shirase te kudasai"

"let him know that I am ready"

「私は侵略者から彼を守るために私の命を危険にさらします」

"watashi wa shinryaku mono kara kare wa mamoru tame ni watashi no mei wa kiken ni sarashi masu"

"I will risk my life to defend him against the invaders"

第4章
dai4 akihiro
Chapter Four

その後すぐに、私は陛下と話をしました
sonogo sugu ni 、 watashi wa heika to banashi wa shi mashi ta
soon afterwards I spoke with his Majesty

私は彼に私の計画を話しました
watashi wa kare ni watashi no keikaku wa hanashi mashi ta
I told him my plan

私は敵の艦隊全体を捕らえます
watashi wa teki no kantai zentai wa torae masu
I would seize the enemy's whole fleet

ブレフスク帝国も島です
brevsk teikoku mo shima desu
The Empire of Blefuscu is also an island

2つの島の間の水路の幅は約800ヤードです
2 tsu no shima no ma no suiro no haba wa yaku 800 yard desu
the channel between the two islands is about eight hundred yards wide

私は最も経験豊富な船員に相談しました
watashi wa mottomo keiken houfu nani senin ni sodan shi mashi ta
I consulted with the most experienced seamen

そして彼らは私に水路の深さについて知らせました

soshite karera wa watashi ni suiro no shin sa nitsuite shirase mashi ta

and they informed me on the depth of the channel

真ん中では、高水位で、それは70のグラマグフでした

mannaka de wa 、 takaiwa suii de 、 sore wa 70 no gramagh deshi ta

in the middle, at high water, it was seventy glumguffs

(ヨーロッパの測定の約6フィート)

(europe no sokutei no yaku 6 feet)

(about six feet of European measure)

海岸に向かって歩きました

kaigan ni mukatsu te aruki mashi ta

I walked toward the coast

ここで私は丘の後ろに隠れました

koko de watashi wa oka no ushiro ni kakure mashi ta

here I hid behind a hill

そして私はスパイグラスを取り出した

soshite watashi wa spi glass wa toridashi ta

and I took out my spy-glass

敵の艦隊が停泊しているのが見えました

teki no kantai ga teihaku shi te iru no ga mie mashi ta

I could see the enemy's fleet at anchor

約50人の戦争の男性、および他の船

yaku 50 hito no sensou no dansei 、 oyobi hoka no sen

about fifty men-of-war, and other vessels

それから私は自分の家に戻ってきました

sorekara watashi wa jibun no ie ni modotsu te ki mashi ta

I then came back to my house

私は彼らの最強のケーブルと鉄の棒を求めました
watashi wa karera no saikyo no cable to tetsu no bou wa motome mashi ta
I asked for their strongest cables and bars of iron

ケーブルはパックスレッドとほぼ同じ太さでした
cable wa pax red to hobo onaji ta sa deshi ta
The cable was about as thick as pack-thread

そしてバーは編み針のサイズでした
soshite bar wa amibari no saize deshi ta
and the bars had the size of a knitting-needle

ケーブルをトレブルして強くしました
cable wa treble shi te tsuyoku shi mashi ta
I trebled the cable to make it stronger

そして私は3本の鉄の棒を一緒にねじりました
soshite watashi wa 3 hon no tetsu no bou wa issho ni nejiri mashi ta
and I twisted three of the iron bars together

そして、両端をフックに曲げました
soshite 、 ryoutan wa fk ni mage mashi ta
and then I bent the ends into a hook

ケーブルに50個のフックを作りました
cable ni 50 ko no fk wa tsukuri mashi ta
I made fifty hooks on cables

そして私は海岸に戻りました
soshite watashi wa kaigan ni modori mashi ta
and I went back to the coast

コートと靴とストッキングを脱ぎました
court to kutsu to stocking wa nugi mashi ta
I took off my coat, shoes, and stockings

そして私は革のジャケットを着て海に足を踏み入れました

soshite watashi wa kaku no jacket wa chaku te umi ni ashi wa fumiire mashi ta

and I walked into the sea in my leather jacket

これは高水位の約30分前でした

kore wa takaiwa suii no yaku 30 pun mae deshi ta

this was about half an hour before high water

私はできるだけ早く歩きました

watashi wa dekirudake hayaku aruki mashi ta

I waded as quick as I could

真ん中で私は約30ヤード泳がなければなりませんでした

mannaka de watashi wa yaku 30 yard ei ga nakere ba nari mase nichi deshi ta

in the middle I had to swim for about thirty yards

しかしすぐに私は再び地面を感じました

shikashi sugu ni watashi wa futatabi jimen wa kanji mashi ta

but very soon I felt the ground again

そして私は30分以内に艦隊に到着しました

soshite watashi wa 30 pun inai ni kantai ni tochaku shi mashi ta

and so I arrived at the fleet in less than half an hour

彼らが私を見たとき、敵は非常におびえていました

karera ga watashi wa mi ta toki 、 teki wa hijou ni obie te iya mashi ta

The enemy was very frightened when they saw me

彼らは船から飛び降りて上陸した

karera wa sen kara tobiori te jouriku shi ta
they leaped out of their ships and swam ashore

それらの3万人を下回ることはできなかったでしょう
sorera no 3man hito wa shitamawaru koto wa deki nakatsu ta desho u
there could not have been fewer than thirty thousand of them

各船の船首の穴にフックを固定しました
kaku sen no senshu no ana ni fk wa kotei shi mashi ta
I fastened a hook to the hole at the prow of each ship

そして私は最後にすべてのコードを結びました
soshite watashi wa saigo ni subete no code wa musubi mashi ta
and I tied all the cords together at the end

その間、敵は数千本の矢を放ちました
sono ma 、 teki wa suu sen hon no ya wa hanachi mashi ta
Meanwhile the enemy discharged several thousand arrows

矢の多くが私の手と顔に刺さった
ya no ooku ga watashi no te to kao ni sasatsu ta
many of the arrows stuck in my hands and face

私の最大の恐怖は私の目でした
watashi no saidai no kyofu wa watashi no me deshi ta
My greatest fear was for my eyes

眼鏡を持ってくることを考えていなかったら、私は目がくらんでいたかもしれません
megane wa motsu te kuru koto wa kangae te iya nakatsu

tara 、 watashi wa me ga kuran de iya ta kamo shire mase nichi

I could have been blinded had I not thought of bringing my spectacles

眼鏡を取り出した

megane wa toridashi ta

I took out my glasses

そしてそれらを私の鼻に固定しました

soshite sorera wa watashi no hana ni kotei shi mashi ta

and fastened them upon my nose

完全に武装して私は仕事を続けました

kanzen ni busou shi te watashi wa shigoto wa tsuzuke mashi ta

fully armed I went on with my work

そして私は矢にもかかわらず進み続けました

soshite watashi wa ya ni mo kakawara zu susumi tsuzuke mashi ta

and I kept going in spite of the arrows

矢の多くが私の眼鏡に当たった

ya no ooku ga watashi no megane ni atatsu ta

many of the arrows struck against my spectacles

しかし、彼らはガラスから跳ね返っただけでした

shikashi 、 karera wa galas kara hanekaetsu ta dake deshi ta

but they only bounced off the glass

それから、結び目を手に取って、私は引っ張り始めました

sorekara 、 musubime wa te ni totsu te 、 watashi wa hippari hajime mashi ta

Then, taking the knot in my hand, I began to pull

しかし、船はかき混ぜません

shikashi 、 sen wa kaki maze mase nichi

but not a ship would stir

彼らは彼らのアンカーによって保持されました

karera wa karera no anka niyotte hoji sa re mashi ta

they were held by their anchors

だから私の会社の最も大胆な部分は残った

dakar watashi no kaisha no mottomo daitan nani bubun wa nokotsu ta

so the boldest part of my enterprise remained

コードを放す

code wa hanasu

I let go of the cord

そして私は信頼できるナイフを取り出した

soshite watashi wa shinrai dekiru naifu wa toridashi ta

and I took out my trusty knife

アンカーを固定しているケーブルを切断しました

anka wa kotei shi te iru cable wa setsudan shi mashi ta

I cut the cables that fastened the anchors

私は200発以上のショットを受け取ったに違いありません

watashi wa 200 hatsu ijou no shot wa uketotsu ta ni chigai ari mase nichi

I must have received more than two hundred shots

私の手と顔は彼らの矢で覆われていました

watashi no te to kao wa karera no ya de oowa re te iya mashi ta

my hands and face was covered in their arrows

それから私は再びケーブルを集めました
sorekara watashi wa futatabi cable wa atsume mashi ta
Then I collected the cables again

今回はすべてがはるかに簡単でした
konkai wa subete ga haruka ni kantan deshi ta
this time everything was much easier

私は敵の最大の戦争の男の50人を私と一緒に引っ張った
watashi wa teki no saidai no sensou no otoko no 50 hito wa watashi to issho ni hippatsu ta
I pulled fifty of the enemy's largest men-of-war with me

ブレフスクディアンは彼らの艦隊が動いているのを見ました
brevskdian wa karera no kantai ga ugoi te iru no wa mi mashi ta
the Blefuscudians saw their fleet moving

そして彼らはそれが私がそれを引っ張っているのを見ました
soshite karera wa sore ga watashi ga sore wa hippatsu te iru no wa mi mashi ta
and they saw it was me pulling it

彼らは敗北した叫び声を出しました
karera wa haiboku shi ta sakebigoe wa dashi mashi ta
they let out a defeated screamed

彼らの悲しみと絶望は説明が不可能でした
karera no kanashimi to zetsubou wa setsumei ga fukanou deshi ta
their grief and despair was impossible to describe

すぐに私は危険から抜け出しました

sugu ni watashi wa kiken kara nukedashi mashi ta
soon I had got out of danger

そして彼らの矢はもう私に届きませんでした
soshite karera no ya wa mo watashi ni todoki mase nichi deshi ta
and their arrows couldn't reach me anymore

私はしばらく立ち止まって、手と顔に刺さった矢を選びました
watashi wa shibaraku tachidomatsu te 、 te to kao ni sasatsu ta ya wa erabi mashi ta
I stopped awhile to pick out the arrows that stuck in my hands and face

そして私は到着時に私に与えられたのと同じ軟膏のいくつかをこすりました
soshite watashi wa tochaku ji ni watashi ni atae ra re ta no to onaji nankou no ikutsu ka wa kosuri mashi ta
and I rubbed on some of the same ointment that was given me at my arrival

それから私は眼鏡を外しました
sorekara watashi wa megane wa hazushi mashi ta
I then took off my spectacles

少し潮が引くのを待ちました
sukoshi shio ga hiku no wa machi mashi ta
I waited for the tide to fall a little

そして私はリリパットの王室の港に足を踏み入れました
soshite watashi wa lillipat no oushitsu no minato ni ashi wa fumiire mashi ta
and I waded on to the royal port of Lilliput

天皇と彼の宮廷全体が私を待っていた
tenno to kare no kyuutei zentai ga watashi wa matsu te iya ta
The Emperor and his whole Court stood on the shore awaiting me

彼らは船が大きな半月で前進するのを見ました
karera wa sen ga ookina hantsuki de zenshin suru no wa mi mashi ta
They saw the ships move forward in a large half-moon

しかし、彼らは私を識別することができませんでした
shikashi 、 karera wa watashi wa shikibetsu suru koto ga deki mase nichi deshi ta
but they could not discern me

私はまだチャンネルの真ん中にいました
watashi wa mada channel no mannaka ni iya mashi ta
I was still in the middle of the channel

そして私は首まで水中にいました
soshite watashi wa kubi made suichuu ni iya mashi ta
and I was under water up to my neck

皇帝は私が溺死したと結論付けました
koutei wa watashi ga dekishi shi ta to ketsuron tsuke mashi ta
The Emperor concluded that I had drowned

そして彼は敵の艦隊が敵対的な方法で接近していると思った
soshite kare wa teki no kantai ga tekitai teki nani houhou de sekkin shi te iru to omotsu ta

and he thought that the enemy's fleet was approaching in a hostile manner

しかし、彼はすぐに心が落ち着いた
shikashi 、 kare wa sugu ni kokoro ga ochitsui ta
But he his mind was soon set at ease

チャネルは、私が行ったすべてのステップで浅くなりました
channell wa 、 watashi ga itsu ta subete no step de asaku nari mashi ta
the channel got shallower with every step I made

すぐに私は公聴会に入りました
sugu ni watashi wa kouchoukai ni hairi mashi ta
in a short time I came within hearing

私は艦隊が固定されているケーブルの端を持ち上げました
watashi wa kantai ga kotei sa re te iru cable no tan wa mochiage mashi ta
I held up the end of the cable by which the fleet was fastened

そして私は大きな声で叫んだ：
soshite watashi wa ookina koe de saken da :
and I exclaimed in a loud voice:

「リリパットの皇帝万歳！」
"lillipat no koutei man toshi !"
"Long live the Emperor of Lilliput!"

王子は私を喜びに満ちて迎えてくれました
ouji wa watashi wa yorokobi ni michi te mukae te kure mashi ta
The Prince received me full of possible joy

そして彼は私をその場でナルダルにしました
soshite kare wa watashi wa sono ba de nardal ni shi mashita
and he made me a Nardal on the spot
その中で最高の名誉の称号
sono naka de saikou no meiyo no shougou
the highest title of honour among them
陛下は私が戻ることを望んでいました
heika wa watashi ga modoru koto wa nozon de iya mashita
His Majesty wanted me to return
「この機会を利用して、すべての船を手に入れましょう」
"kono kikai wa riyou shi te 、 subete no sen wa te ni ire masho u"
"use the opportunity to get all of their ships"
「ブレフスク帝国全体を征服せよ!」
"brevsk teikoku zentai wa seifuku seyo !"
"conquer the whole Empire of Blefuscu!"
それから彼は世界の唯一の君主になるでしょう
sorekara kare wa sekai no yuitsu no kunshu ni naru deshou
then he would be the sole monarch of the world
しかし、私は彼の権力への渇望に抗議しました
shikashi 、 watashi wa kare no kenryoku he no katsubou ni kougi shi mashita
But I protested against his hunger for power
「私は勇敢で自由な人々を奴隷にすることは決してありません」

"watashi wa yuukan de jiyuu nani hitoodoriji wa dorei ni suru koto wa kesshite ari mase nichi"
"I will never enslave brave and free people"

大臣の中で最も賢明なのは私の意見でした
daijin no naka de mottomo kenmei nani no wa watashi no iken deshi ta
the wisest of the Ministers were of my opinion

しかし、私は陛下の野心を公然と拒否しました
shikashi 、 watashi wa heika no yashin wa kouzen to kyohi shi mashi ta
but I had openly refused his Majesty's ambition

そして彼は私の反抗を決して許すことができませんでした
soshite kare wa watashi no hanko wa kesshite yurusu koto ga deki mase nichi deshi ta
and he could never forgive my defiance

この時から、私たちの間にリフが現れました
kono ji kara 、 watashi tachi no ma ni riff ga araware mashi ta
from this time a riff emerged between us

私の敵であった彼の大臣は力を増しました
watashi no teki de atsu ta kare no daijin wa chikara wa mashi mashi ta
his Ministers that were my enemies gained in strength

彼らは私の転覆を企てました
karera wa watashi no tenpuku wa kuwadate mashi ta
they plotted for my overthrow

そしてそれはほとんど私の完全な破壊で終わりました

soshite sore wa hotondo watashi no kanzen nani hakai de owari mashi ta
and it nearly ended in my utter destruction

3週間後、ブレフスクの大使がやってきた
3 shuukan go 、 brevsk no tokyo ga yatteki ta
three weeks later the ambassador from Blefuscu came

彼らはへりくだって平和のささげ物をささげました
karera wa herikudatsu te heiwa no sasage mono wa sasage mashi ta
they humbly made offerings of peace

そしてすぐに平和条約が調印されました
soshite sugu ni heiwa jouyaku ga chouin sa re mashi ta
and a peace treaty was soon signed

条件は私たちの皇帝にとって非常に有利でした
jouken wa watashi tachi no koutei nitotte hijou ni yuuri deshi ta
the terms were very advantageous to our Emperor

大使も訪問してくれました
tokyo mo houmon shi te kure mashi ta
the ambassadors also paid me a visit

彼らは私の強さと寛大さについて私を褒めてくれました
karera wa watashi no tsuyoshi sa to kandai sa nitsuite watashi wa home te kure mashi ta
they complimented me on my strength and generosity

そして彼らは私を彼らの王国に招待しました
soshite karera wa watashi wa karera no oukoku ni shoutai shi mashi ta

and they invited me to their kingdom

私は彼らに天皇に敬意を表するように頼みました

watashi wa karera ni tenno ni keii wa hyousuru you ni tanomi mashi ta

I asked them to send my respect to the Emperor

そして私は自分の国に戻る前に彼に会うことを決心しました

soshite watashi wa jibun no kuni ni modoru mae ni kare ni au koto wa kesshin shi mashi ta

and I resolved to meet him before I returned to my country

それで次に天皇に会ったとき、私は許可を求めました

sorede ji ni tenno ni atsu ta toki 、 watashi wa kyoka wa motome mashi ta

so the next time I saw the Emperor I asked for permission

そして彼は私に去る許可を与えました

soshite kare wa watashi ni saru kyoka wa atae mashi ta

and he granted me permission to leave

しかし、彼は非常に冷たくそうしました

shikashi 、 kare wa hijou ni tsumetaku sou shi mashi ta

but he did so in a very cold manner

その理由を知ったのは後になってからでした

sono riyuu wa shitsu ta no wa go ni natsu te kara deshi ta

it was only later that I found out why

私はブレフスクの皇帝に敬意を表する準備をしていました

watashi wa brevsk no koutei ni keii wa hyousuru junbi wa

shi te iya mashi ta
I was preparing to pay my respects to the Emperor of Blefuscu

裁判所の著名な人が私の家に来ました
saibansho no chomei nani hito ga watashi no ie ni rai mashi ta
a distinguished person of the Court came to my house

しかし、彼は夜に非常に個人的に来ました
shikashi、 kare wa yoru ni hijou ni kojin teki ni rai mashi ta
but he came very privately at night

彼は私の良い友達でした
kare wa watashi no yoi tomodachi deshi ta
he was a good friend of mine

だから私は彼の領主をコートのポケットに入れました
dakar watashi wa kare no ryoushu wa court no pocket ni ire mashi ta
so I put his lordship into my coat pocket

私は警備員に誰も入れないように言いました
watashi wa keibi in ni dare mo ire nai you ni ii mashi ta
I told the guards not to let anyone in

そして私は私たちの後ろのドアを締めました
soshite watashi wa watashi tachi no ushiro no doa wa shime mashi ta
and I fastened the door behind us

私は訪問者をテーブルに置きました
watashi wa houmon mono wa table ni oki mashi ta
I placed my visitor on the table

そして私は彼の隣に座った
soshite watashi wa kare no tonari ni suwatsu ta
and I sat down next to him

彼の領主の顔は問題でいっぱいでした
kare no ryoushu no kao wa mondai de ippai deshi ta
His lordship's face was full of trouble

彼は私に忍耐強く彼の言うことを聞くように頼んだ
kare wa watashi ni nintai tsuyoku kare no iu koto wa kiku you ni tanon da
he asked me to hear him with patience

彼はその件が私の名誉に非常に関係していると私に言いました
kare wa sono ken ga watashi no meiyo ni hijou ni kankei shi te iru to watashi ni ii mashi ta
he told me the matter highly concerned my honour

そして彼は私の人生がそれにかかっていると言った
soshite kare wa watashi no jinsei ga sore ni kakatsu te iru to itsu ta
and he said my life depended on it

「あなたはすでにスカイレッシュボルガロムがあなたについてどのように感じているか知っています」
"anata wa sudeni sky lesh borga rom ga anata nitsuite dono you ni kanji te iru ka shitsu te iya masu"
"You already know how Skyresh Bolgalom feels about you"

「あなたが到着して以来、彼はあなたの致命的な敵でした」
"anata ga tochaku shi te irai 、 kare wa anata no chimei teki nani teki deshi ta"

"he has been your mortal enemy ever since you arrived"

「ブレフスクに対するあなたの大成功以来、彼の憎しみは高まっています」

"brevsk nitaisuru anata no dai seiko irai 、 kare no nikushimi wa takamatsu te iya masu"

"his hatred is increased since your great success against Blefuscu"

「それは提督としての彼の栄光を覆い隠した」

"sore wa teitoku toshite no kare no eikou wa ooi kakushi ta"

"it obscured his glory as admiral"

「この領主と他の人々はあなたを反逆罪で非難しました」

"kono ryoushu to hoka no hitoodoriji wa anata wa hangyaku zai de hinan shi mashi ta"

"This lord and others have accused you of treason"

「そしてこれについていくつかの会議が開催されました」

"soshite kore nitsuite ikutsu ka no kaigi ga kaisai sa re mashi ta"

"and several meetings have been held about this"

「あなたが私たちのためにしてくれたすべてにとても感謝しています」

"anata ga watashi tachi no tame ni shi te kure ta subete ni totemo kansha shi te iya masu"

"I am very grateful for all you've done for us"

「だから私はあなたのために自分の頭を危険にさらします」

"dakar watashi wa anata no tame ni jibun no tou wa kiken

ni sarashi masu"
"so I will risk my own head for you"

「開かれた会議を振り返らせてください」
"hiraka re ta kaigi wa furikaera se te kudasai"
"let me recount the meetings held"

「これが彼らがあなたに対して提起する予定の告発です:」
"kore ga karera ga anata nitaishite teiki suru yotei no kokuhatsu desu :"
"here are the charges they plan to bring against you:"

「まず、あなたはブレフスクの帝国艦隊を捕らえました」
"mazu 、 anata wa brevsk no teikoku kantai wa torae mashi ta"
"First, you captured the imperial fleet of Blefuscu"

「そしてあなたはそれを王室の港に持ち込みました」
"soshite anata wa sore wa oushitsu no minato ni mochikomi mashi ta"
"and you brought it into the royal port"

「陛下はあなたに他のすべての船を押収するように命じました」
"heika wa anata ni hoka no subete no sen wa oushuu suru you ni meiji mashi ta"
"his Majesty commanded you to seize all the other ships"

「彼はあなたに彼らを死刑にしたかった」
"kare wa anata ni karera wa shikei ni shi takatsu ta"
"he wanted you to put them to death"

「大きな端で卵を割るもの」

"ookina tan de ran wa waru mono"
"those that crack the egg at the big end"

「そして彼は彼らの残りからの完全な従順を望んでいました」
"soshite kare wa karera no nokori kara no kanzen nani juujun wa nozon de iya mashi ta"
"and he wanted complete obedience from the rest of them"

「彼らは皆、小さい方の端で卵を割ることに同意する必要がありました」
"karera wa mina 、 chiisai hou no tan de ran wa waru koto ni doui suru hitsuyo ga ari mashi ta"
"they all had to consent to break their eggs at the smaller end"

「しかし、あなたは偽りの裏切り者のように振る舞った」
"shikashi 、 anata wa itsuwari no uragirimono no you ni furumatsu ta"
"but you acted like a false traitor"

「あなたはサービスから自分を許しました」
"anata wa service kara jibun wa yurushi mashi ta"
"you excused yourself from the service"

「罪のない人々を奴隷にしたくないふりをして」
"zai no nai hitoodoriji wa dorei ni shi taku nai furi wa shi te"
"on pretence of unwillingness to enslave innocent people"

「それから大使はブレフスクの宮廷から到着しました」
"sorekara tokyo wa brevsk no kyuutei kara tochaku shi

mashi ta"

"then the ambassadors arrived from the Court of Blefuscu"

「再びあなたは偽りの裏切り者のように振る舞った」

"futatabi anata wa itsuwari no uragirimono no you ni furumatsu ta"

"again you acted like a false traitor"

「あなたは彼らを助け、楽しませました」

"anata wa karera wa tasuke、tanoshima se mashi ta"

"you aided and entertained them"

「彼らが敵のしもべであることを知っていたのに」

"karera ga teki no shimobe de aru koto wa shitsu te iya ta nonie"

"even though you knew they were servants of an enemy"

「さらに、あなたは今、ブレフスクの宮廷への航海の準備をしています」

"sarani、anata wa ima、brevsk no kyuutei he no koukai no junbi wa shi te iya masu"

"Moreover, you are now preparing to voyage to the Court of Blefuscu"

「これは忠実な市民の義務に反しています」

"kore wa chuujitsu nani shimin no gimu ni hanshi te iya masu"

"this is contrary to the duty of a faithful citizen"

「陛下はあなたがした奉仕を彼らに思い出させました」

"heika wa anata ga shi ta houshi wa karera ni omoidasa se mashi ta"

"his Majesty reminded them of the services you had done"
「しかし、提督と会計は他の意見でした」
"shikashi 、 teitoku to kaikei wa hoka no iken deshi ta"
"but the admiral and treasurer were of other opinions"
「彼らはあなたが恥ずべき死に置かれるべきであると主張しました」
"karera wa anata ga haji zu beki shi ni oka reru beki de aru to shuchou shi mashi ta"
"they insisted that you should be put to a shameful death"
「レルドレサルはもう一度あなたの友達であることを証明しました」
"redlesal wa moichido anata no tomodachi de aru koto wa shoumei shi mashi ta"
"Reldresal proved himself a friend to you once more"
「彼は陛下にあなたの命を救うべきだと提案した」
"kare wa heika ni anata no mei wa sukuu beki da to teian shi ta"
"he suggested to his Majesty that your life should be spared"
「『もしかしたら、彼の目が突き出されるかもしれない』と彼は提案した」
""moshika shi tara 、 kare no me ga tsukidasa reru kamo shire nai"to kare wa teian shi ta"
"'perhaps his eyes could be poked out,' he suggested"
「このようにして、正義はある程度満たされるかもしれません」
"kono you ni shi te 、 seigi wa arutododo mitasa reru

kamo shire mase nichi"

"this way justice might in some measure be satisfied"

「これでボルゴラムは激怒して立ち上がった」

"kore de bolgoram wa gekido shi te tachiagatsu ta"

"At this Bolgolam rose up in fury"

「秘書はどうして裏切り者の命を守りたいと願うのでしょうか?」

"hisho wa doushite uragirimono no mei wa mamori tai to nedau no desho u ka ?"

"how could the secretary desire to preserve the life of a traitor?"

「会計係はあなたを維持するための費用を指摘しました」

"kaikei gakari wa anata wa iji suru tame no hiyou wa shiteki shi mashi ta"

"the treasurer pointed out the expense of keeping you"

「そして彼はまたあなたの死を促した」

"soshite kare wa mata anata no shi wa unagashi ta"

"and he also urged your death"

「しかし、彼は別の罰を提案しました」

"shikashi 、 kare wa betsu no batsu wa teian shi mashi ta"

"but he suggested a different punishment"

「彼はあなたの手当を徐々に減らすことを提案しました」

"kare wa anata no teate wa suhodoriji ni herasu koto wa teian shi mashi ta"

"he suggested lessening your allowance gradually"

「そして、十分な食物が欲しくて、あなたは弱って気を失うでしょう」

"soshite 、 juubun nani shokumotsu ga hoshiku te 、 anata wa yowatsu te ki wa ushinau desho u"

"and for want of sufficient food you would grow weak and faint"

「数ヶ月後、あなたはこれで死ぬでしょう」

"suu kagetsu go 、 anata wa kore de shinu desho u"

"after some months you would die from this"

「それから彼らはあなたの骨からあなたの肉を切り取るでしょう」

"sorekara karera wa anata no hone kara anata no niku wa kiritoru desho u"

"then they would cut your flesh from your bones"

「彼らはそれを田舎に埋めるでしょう」

"karera wa sore wa inaka ni umeru desho u"

"they would bury it in the countryside"

「そしてあなたの骸骨は記念碑として使われるでしょう」

"soshite anata no gaikotsu wa kinen hi toshite tsukawa reru desho u"

"and your skeleton would be used as a monument"

「陛下はこの計画を最も気に入っていました」

"heika wa kono keikaku wa mottomo kiniitsu te iya mashi ta"

"His majesty liked this plan the most"

「彼はこの計画を秘密にしておくように命じた」

"kare wa kono keikaku wa himitsu ni shi te oku you ni meiji ta"

"he ordered this plan to be kept a secret"

「そして、それはあなたの目を突き出すために本に

入力されました」
"soshite 、 sore wa anata no me wa tsukidasu tame ni hon ni nyuuryoku sa re mashi ta"
"and it was entered in the books to poke your eyes out"

「3日後にあなたの友人の秘書があなたの家に来るでしょう」
"3nichi go ni anata no yuujin no hisho ga anata no ie ni kuru desho u"
"In three days your friend the secretary will come to your house"

「彼はあなたの前で告発を読むでしょう」
"kare wa anata no mae de kokuhatsu wa yomu desho u"
"he will read the accusation before you"

「そして彼は陛下の大きな憐れみを指摘するでしょう」
"soshite kare wa heika no ookina awaremi wa shiteki suru desho u"
"and he will point out the great mercy of his Majesty"

「彼はあなたが謙虚に服従することを疑っていません」
"kare wa anata ga kenkyo ni fukujuu suru koto wa utagatsu te iya mase nichi"
"he does not doubt you will submit humbly"

「陛下の外科医のうち20人が手術を行います」
"heika no geka i no uchi 20 hito ga shujutsu wa ikai masu"
"Twenty of his Majesty's surgeons will perform the operation"

「彼らはあなたを地面に横たわらせるでしょう」
"karera wa anata wa jimen ni yokotawara seru desho u"

"they will have you lie on the ground"

「そして、彼らはあなたの目に非常に鋭い先のとがった矢を放ちます」

"soshite 、 karera wa anata no me ni hijou ni surudoi saki no togatsu ta ya wa hanachi masu"

"and then they will discharge very sharp-pointed arrows into your eyes"

「どのような対策を講じるかは、あなたに任せます」

"dono you nani taisaku wa koujiru ka wa 、 anata ni makase masu"

"I leave you to consider what measures you will take"

「疑惑から逃れるために、私はすぐに戻らなければなりません」

"giwaku kara nogareru tame ni 、 watashi wa sugu ni modora nakere ba nari mase nichi"

"to escape suspicion I must immediately return"

そして彼の領主はすぐに去りました

soshite kare no ryoushu wa sugu ni sari mashi ta

and his lordship left immediately

私は非常に困惑して一人でいました

watashi wa hijou ni konwaku shi te ichi hito de iya mashi ta

I remained alone, in great perplexity

最初は抵抗に屈しました

saisho wa teikou ni kusshi mashi ta

At first I was bent on resistance

私は石で大都市を簡単に破壊することができました
watashi wa ishi de ootoshi wa kantan ni hakai suru koto ga deki mashi ta
I could quite easily destroy the metropolis with stones

しかし、私はこの恐ろしい考えを拒否しました
shikashi、 watashi wa kono osoroshii kangae wa kyohi shi mashi ta
but I rejected this horrible idea

私は天皇に誓いを立てました
watashi wa tenno ni chikai wa tate mashi ta
I had made an oath to the Emperor

そして私は彼から受けた恩恵を思い出しました
soshite watashi wa kare kara uke ta onkei wa omoidashi mashi ta
and I remembered the favours I had received from him

私はまだ陛下のブレフスク訪問の許可を得ていました
watashi wa mada heika no brevsk houmon no kyoka wa toku te iya mashi ta
I still had his Majesty's permission to visit Blefuscu

この機会に決めました
kono kikai ni kime mashi ta
I decided to take this opportunity

ブレフスクの皇帝に敬意を表します
brevsk no koutei ni keii wa arawashi masu
I would pay my respects to the Emperor of Blefuscu

私は友人の秘書に手紙を書きました
watashi wa yuujin no hisho ni tegami wa kaki mashi ta
I wrote a letter to my friend the secretary

そして私は彼に私の決意を伝えました
soshite watashi wa kare ni watashi no ketsui wa tsutae mashi ta
and I told him of my resolution

しかし、私は答えを待ちませんでした
shikashi 、 watashi wa kotae wa machi mase nichi deshi ta
but I did not wait for an answer

海岸に行って水路に入りました
kaigan ni itsu te suiro ni hairi mashi ta
I went to the coast and entered the channel

水遊びと水泳がブレフスクの港に到着しました
mizuasobi to suiei ga brevsk no minato ni tochaku shi mashi ta
wading and swimming reached the port of Blefuscu

人々は長い間私を期待していました
hitoodoriji wa nagai ma watashi wa kitai shi te iya mashi ta
the people had long expected me

そして彼らは私を首都に導きました
soshite karera wa watashi wa shuto ni michibiki mashi ta
and they led me to the capital

私は役人に歓迎されました
watashi wa yakunin ni kangei sa re mashi ta
I was welcomed by the officials

陛下、王室、そして宮廷の偉大な将校
heika 、 oushitsu 、 soshite kyuutei no idai nani shoukou
His Majesty, the royal family, and great officers of the Court

彼らは彼らの娯楽に非常に寛大でした
karera wa karera no goraku ni hijou ni kandai deshi ta
they were very generous with their entertainment

これも素晴らしい国でした
kore mo subarashii kuni deshi ta
this too was a great nation

私はリリパット皇帝との恥辱については言及しませんでした
watashi wa lillipat koutei to no chijoku nitsuite wa genkyuu shi mase nichi deshi ta
I did not mention my disgrace with the Emperor of Lilliput

王子が秘密を明かすとは思わなかったからです
ouji ga himitsu wa akasu to wa omowa nakatsu ta kara desu
because I did not suppose that the prince would disclose the secret

しかし、これで、それはすぐに現れました、私はだまされました
shikashi 、 kore de 、 sore wa sugu ni araware mashi ta 、 watashi wa damasa re mashi ta
But in this, it soon appeared, I was deceived

第5章
dai5 akihiro
Chapter Five

私はブレフスクに3日間いました
watashi wa brevsk ni 3nichi ma iya mashi ta
I had been in Blefuscu for three days

私は彼らの街を知るようになりました
watashi wa karera no machi wa shiru you ni nari mashi ta
I had gotten to know their city

だから私は彼らの島の残りの部分に興味がありました
dakar watashi wa karera no shima no nokori no bubun ni kyoumi ga ari mashi ta
so I was curious about the rest of their island

北東の海岸に向かった
hokutou no kaigan ni mukatsu ta
I headed North East to the coast

遠くからボートのようなものが見えました
tooku kara boat no you nani mono ga mie mashi ta
from a distance I saw something that looked like a boat

私は靴とストッキングを脱ぎました
watashi wa kutsu to stocking wa nugi mashi ta
I pulled off my shoes and stockings

そして私は水の中を2、300ヤード歩きました
soshite watashi wa mizu no naka wa 2、300 yard aruki mashi ta
and I waded two or three hundred yards through the

water

近づくと、それは本当にボートであることがわかりました

chikazuku to 、 sore wa hontouni boat de aru koto ga wakari mashi ta

as I got closer I could see it really was a boat

嵐がそれを岸に押しやったに違いありません

arashi ga sore wa kishi ni oshi yatsu ta ni chigai ari mase nichi

a storm must have pushed it to shore

私はすぐに街に戻りました

watashi wa sugu ni machi ni modori mashi ta

I returned immediately to the city

そして私は助けを探しに行きました

soshite watashi wa tasuke wa sagashi ni iki mashi ta

and I went to find help

大変な労力がかかりました

taihen nani rouryoku ga kakari mashi ta

it took a great deal of effort

しかし、結局、私はなんとかボートをブレフスクの港に連れて行くことができました

shikashi 、 kekkyoku 、 watashi wa nantoka boat wa brevsk no minato ni tsure te iku koto ga deki mashi ta

but eventually I managed to get the boat to the port of Blefuscu

大勢の人が現れました

oozei no hito ga araware mashi ta

a great crowd of people appeared

彼らは船の大きさに驚嘆しました

karera wa sen no ookisa ni kyoutan shi mashi ta
they marvelled at the size of the vessel

「幸運がこの船を私の道に投げました」と私は皇帝に言いました
"kouun ga kono sen wa watashi no michi ni nage mashi ta"to watashi wa koutei ni ii mashi ta
"good fortune has thrown this boat my way"I told the Emperor

「それは私を他の土地に連れて行くでしょう」
"sore wa watashi wa hoka no tochi ni tsure te iku desho u"
"it will carry me to other lands"

「そしてそこから私は私の母国を見つけることができます」
"soshite soko kara watashi wa watashi no bokoku wa mitsukeru koto ga deki masu"
"and from there I can find my native country"

それから私は船の材料を懇願しました
sorekara watashi wa sen no zairyou wa kongan shi mashi ta
then I begged for materials for the ship

そして私は彼の国について多くの親切なスピーチをしました
soshite watashi wa kare no kuni nitsuite ooku no shinsetsu nani speci wa shi mashi ta
and I made many kind speeches about his country

それで彼は私の願いを叶えて喜んでくれました
sorede kare wa watashi no negai wa kanae te yorokon de kure mashi ta
so he was pleased to grant my wishes

その間、リリパットの皇帝は不安になりました
sono ma 、 lillipat no koutei wa fuan ni nari mashi ta
Meanwhile the Emperor of Lilliput grew uneasy

私はかなり長い間離れていました
watashi wa kanari nagai ma hanare te iya mashi ta
I had been away for quite a long time

(彼は私が彼の意図を知っていることを知りませんでしたが)
(kare wa watashi ga kare no ito wa shitsu te iru koto wa shiri mase nichi deshi ta ga)
(although he did not know that I knew his intentions)

それで彼はランクの人をブレフスクに送りました
sorede kare wa lank no hito wa brevsk ni okuri mashi ta
so he sent a person of rank to Blefuscu

彼はブレフスクの皇帝に私の恥辱を知らせました
kare wa brevsk no koutei ni watashi no chijoku wa shirase mashi ta
he informed the Emperor of Blefuscu of my disgrace

彼は私の罰の憐れみについて語った
kare wa watashi no batsu no awaremi nitsuite katatsu ta
he told of the mercy of my punishment

「私たちは彼を死刑にしないよう親切にしてきました」
"watashi tachi wa kare wa shikei ni shi nai you shinsetsu ni shi te ki mashi ta"
"we have been kind not to punish him to death"

「彼の目の喪失は支払うべき公正な代償です」
"kare no me no soushitsu wa shiharau beki kousei nani daishou desu"

"the loss of his eyes is a fair price to pay"

彼はブレフスクの兄弟が従うことを期待していました

kare wa brevsk no kyoudai ga shitagau koto wa kitai shi te iya mashi ta

he expected his brother of Blefuscu to comply

彼は私をリリパットに送り返すと思った

kare wa watashi wa lillipat ni okurikaesu to omotsu ta

he thought he would have me sent back to Lilliput

彼は私が手と足を縛られると思った

kare wa watashi ga te to ashi wa shibara reru to omotsu ta

he thought I would be bound hand and foot

そして彼は私が裏切り者として罰せられると思った

soshite kare wa watashi ga uragirimono toshite basse rareru to omotsu ta

and he thought I would be punished as a traitor

しかし、ブレフスクの皇帝は多くの市民の言い訳で答えました

shikashi、brevsk no koutei wa ooku no shimin no iiwake de kotae mashi ta

but the Emperor of Blefuscu answered with many civil excuses

「マンマウンテンを縛ることは不可能だって分かってるでしょ」

"man mountain wa shibaru koto wa fukanou datte wakatsu teru desho"

"you know it would be impossible to bind the man-mountain"

「私は彼の多くの善行に感謝しています」
"watashi wa kare no ooku no zenkou ni kansha shi te iya masu"
"I am grateful to him for his many good deeds"

「彼は私たちの国の間に平和をもたらしました」
"kare wa watashi tachi no kuni no ma ni heiwa wa motarashi mashi ta"
"he has brought peace between our nations"

「たとえ彼が私たちの艦隊を奪ったとしても」
"tatoe kare ga watashi tachi no kantai wa ubatsu ta toshite mo"
"even if he has taken our fleet away"

「しかし、私たちの心はすぐに和らぐでしょう」
"shikashi 、 watashi tachi no kokoro wa sugu ni yawaragu desho u"
"but our mind shall soon be eased"

「彼は強力な船を見つけました」
"kare wa kyouryoku nani sen wa mitsuke mashi ta"
"he has found a mighty ship"

「そして一緒に私たちはそれを再び耐航性のあるものにしました」
"soshite issho ni watashi tachi wa sore wa futatabi tai kou shou no aru mono ni shi mashi ta"
"and together we have made it sea-worthy again"

「すぐに彼は再び出航するでしょう」
"sugu ni kare wa futatabi shukkou suru desho u"
"soon he will set sail again"

「そして私たちの帝国は彼から解放されるでしょう」

"soshite watashi tachi no teikoku wa kare kara kaihou sa reru desho u"
"and our empires will be free of him"

この答えでメッセンジャーはリリパットに戻った
kono kotae de messenger wa lillipat ni modotsu ta
With this answer the messenger returned to Lilliput

そして私は出発を急いだ
soshite watashi wa shuppatsu wa isoi da
and I hastened my departure

ブレフスクの君主は密かに私に彼の優雅な保護を提供しましたが
brevsk no kunshu wa mitsuka ni watashi ni kare no yuuga nani hogo wa teikyou shi mashi ta ga
although the monarch of Blefuscu secretly offered me his gracious protection

私がサービスを提供し続けていたら、彼は好んだでしょう
watashi ga service wa teikyou shi tsuzuke te iya tara、kare wa konon da desho u
he would have preferred if I had continued to offer my services

しかし、私は王子に信頼を置くことを二度と決心しませんでした
shikashi、watashi wa ouji ni shinrai wa oku koto wa nidoto kesshin shi mase nichi deshi ta
but I had resolved never more to put confidence in princes

約一ヶ月で私は去る準備ができていました
yaku ichi kagetsu de watashi wa saru junbi ga deki te iya

mashi ta
In about a month I was ready to leave
王室は宮殿から出てきました
oushitsu wa kyuuden kara de te ki mashi ta
The royal family came out of the palace
そして私は彼らの手にキスをするために私の顔に横になりました
soshite watashi wa karera no te ni kisu wa suru tame ni watashi no kao ni yoko ni nari mashi ta
and I lay down on my face to kiss their hands
彼らは優雅に私に手を差し伸べました
karera wa yuuga ni watashi ni te wa sashinobe mashi ta
they graciously gave me their hands
陛下は私にスプルグリフの財布を50個プレゼントしました
heika wa watashi ni spruglif no saifu wa 50 ko present shi mashi ta
His Majesty presented me with fifty purses of Sprugliffs
これらは彼らの最大の金貨でした
korera wa karera no saidai no kinka deshi ta
these were their greatest gold coins
そして彼は私に自分のフルサイズの写真をくれました
soshite kare wa watashi ni jibun no flussize no shashin wa kure mashi ta
and he gave me a full size picture of himself
私はすぐにそれを手袋の1つに入れました
watashi wa sugu ni sore wa tebukuro no 1 tsu ni ire mashi ta

I immediately put it into one of my gloves
破損しないように
hason shi nai you ni
so that it would not get damaged
ボートに肉と飲み物を保管しました
boat ni niku to nomimono wa hokan shi mashi ta
I stored the boat with meat and drink
そして6頭の生きている牛と2頭の雄牛を連れて行きました
soshite 6 tou no iki te iru ushi to 2 tou no ogyuu wa tsure te iki mashi ta
and took six living cows and two bulls
羊の小さな耳だけでなく
hitsuji no chiisana mimi dake de naku
as well as a small heard of sheep
私はそれらを自分の国に運ぶつもりでした
watashi wa sorera wa jibun no kuni ni hakobu tsumori deshi ta
I planned to carry them to my own country
私は干し草の良い束とトウモロコシの袋を持っていました
watashi wa hoshigusa no yoi taba to toumorocos no fukuro wa motsu te iya mashi ta
I had a good bundle of hay and a bag of corn
旅の途中で餌をやることができるように
tabi no tochuu de esa wa yaru koto ga dekiru you ni
so that I could feed them during the journey
私は喜んでダースの原住民を連れて行ったでしょう
watashi wa yorokon de dars no genjuumin wa tsure te itsu

ta desho u

I would gladly have taken a dozen of the natives

しかし、これは皇帝が許さないことでした

shikashi 、 kore wa koutei ga yurusa nai koto deshi ta

but this was something the Emperor would not permit

そして彼らはもう一度私のポケットを探しました

soshite karera wa moichido watashi no pocket wa sagashi mashi ta

and they even searched my pockets once more

私が誰も連れて行かなかったことを確認するために

watashi ga dare mo tsure te ika nakatsu ta koto wa kakunin suru tame ni

to make sure I hadn't taken anyone

私の出発時にいくつかの最終式典が行われました

watashi no shuppatsu ji ni ikutsu ka no saishu shikiten ga okonawa re mashi ta

some final ceremonies were held at my departure

そしてついに私は海に戻りました

soshite tsuini watashi wa umi ni modori mashi ta

and finally I returned out to sea

1701年9月26日

1701toshi9gatsu26nichi

September the 26th, 1701

私は私の計算で24リーグを旅しました

watashi wa watashi no keisan de 24 league wa tabi shi mashi ta

I had travelled twenty-four leagues, by my reckoning

ブレフスク島は私のはるか後ろにありました

brevsk shima wa watashi no haruka ushiro ni ari mashi ta
the island of Blefuscu was far behind me

それから私は北東に操縦する帆を見ました
sorekara watashi wa hokutou ni soujuu suru ho wa mi mashi ta
then I saw a sail steering to the northeast

私は船の注意を引こうとしました
watashi wa sen no chuui wa hiko u to shi mashi ta
I tried to get the ship's attention

しかし、私は応答を得ることができませんでした
shikashi 、 watashi wa outou wa eru koto ga deki mase nichi deshi ta
but I could get no response

しかし、私は彼女に追いついていました
shikashi 、 watashi wa kanojo ni oitsui te iya mashi ta
but I was catching up with her

風が緩んだから
kaze ga yurun da kara
because the wind slackened

そして30分で彼女は私を見ました
soshite 30 pun de kanojo wa watashi wa mi mashi ta
and in half an hour she saw me

だから私はボートからフレアを放出しました
dakar watashi wa boat kara flea wa houshutsu shi mashi ta
so I discharged a flare from my boat

私は夕方の5時から6時の間に彼女に追いつきました
watashi wa yuugata no 5ji kara 6ji no ma ni kanojo ni oitsuki mashi ta

I caught up with her between five and six in the evening
そして彼女の色を見たとき、私の心は喜びのために飛び跳ねました
soshite kanojo no iro wa mi ta toki 、 watashi no kokoro wa yorokobi no tame ni tobi hane mashi ta
and my heart jumped for joy when I saw her colours
彼女は確かにイギリスの船でした
kanojo wa tashika ni iglis no sen deshi ta
she was indeed an English ship
牛や羊をコートのポケットに入れました
ushi ya hitsuji wa court no pocket ni ire mashi ta
I put my cows and sheep into my coat pockets
そして私のすべての小さな貨物で乗船しました
soshite watashi no subete no chiisana kamotsu de jousen shi mashi ta
and got on board with all my little cargo
船長は親切に迎えてくれました
senchou wa shinsetsu ni mukae te kure mashi ta
The captain received me with kindness
そして彼は私に私がどこから来たのかを彼に話すように頼んだ
soshite kare wa watashi ni watashi ga doko kara rai ta no ka wa kare ni hanasu you ni tanon da
and he asked me to tell him where I had come from
もちろん、彼は私が熱狂的な狂人だと思っていました
mochiron 、 kare wa watashi ga nekkyou teki nani kyoujin da to omotsu te iya mashi ta
of course he thought I was a raving lunatic

しかし、私はポケットから牛と羊を取り出しました
shikashi 、 watashi wa pocket kara ushi to hitsuji wa toridashi mashi ta
However, I took my cattle and sheep out of my pocket

これは船上のすべての人を驚かせることに失敗しませんでした
kore wa senjou no subete no hito wa odoroka seru koto ni shippai shi mase nichi deshi ta
this did not fail to astonish everyone on the ship

そして彼らは皆私の話を確信していました
soshite karera wa mina watashi no banashi wa kakushin shi te iya mashi ta
and they were all convinced of my tale

1702年4月13日
1702toshi4gatsu13nichi
April the 13th, 1702

イギリスに着きました
iglis ni tsuki mashi ta
We arrived in England

私は妻と家族と一緒に2ヶ月滞在しました
watashi wa tsuma to kazoku to issho ni 2 kagetsu taizai shi mashi ta
I stayed two months with my wife and family

しかし、世界を見たいという私の願望は私に休息を与えませんでした
shikashi 、 sekai wa mi tai toiu watashi no ganbou wa watashi ni kyuusoku wa atae mase nichi deshi ta
but my desire to see the world gave me no rest

結局、私は再び去らなければなりませんでした
kekkyoku、 watashi wa futatabi sara nakere ba nari mase nichi deshi ta
eventually I had to leave again

イギリスにいる間、私は小さな牛から大きな利益を上げました
iglis ni iru ma、 watashi wa chiisana ushi kara ookina rieki wa age mashi ta
while in England I made great profit from my little cattle

世界中が小動物を見たいと思っていました
sekaijuu ga shou dobutsuenmae wa mi tai to omotsu te iya mashi ta
all the world wanted to see the little animals

結局、私はそれらを良いお金で売りました
kekkyoku、 watashi wa sorera wa yoi okane de uri mashi ta
eventually I sold them for good money

私は妻と家族のために良い家を買いました
watashi wa tsuma to kazoku no tame ni yoi ie wa kai mashi ta
I bought a good house for my wife and family

そして私は彼らに生きるのに十分なお金を残しました
soshite watashi wa karera ni ikiru no ni juubun nani okane wa nokoshi mashi ta
and I left them with more than enough money to live on

目に涙を浮かべて、私は再び家族を去りました
me ni namida wa ukabe te、 watashi wa futatabi kazoku

wa sari mashi ta
with tears in my eyes I left my family again
そして私は「冒険」で航海しました
soshite watashi wa"bouken"de koukai shi mashi ta
and I sailed onwards on"The Adventure"

終わり
Owari
The end

www.tranzlaty.com

www.ingramcontent.com/pod-product-compliance
Lightning Source LLC
Chambersburg PA
CBHW030305100526
44590CB00012B/526